本书受北京市知识管理研究基地；管理科学与工程学科建设项目；北京社科基金青年项目（15JGC1774）；北京市教委社科计划一般项目（SM201611232002）资助

制造产业集群企业知识协同理论与实践研究

张 健 倪 渊 著

中国财经出版传媒集团

经济科学出版社

Economic Science Press

图书在版编目（CIP）数据

制造产业集群企业知识协同理论与实践研究/张健，倪渊著．
—北京：经济科学出版社，2017.5

ISBN 978 - 7 - 5141 - 8044 - 2

Ⅰ. ①制…　Ⅱ. ①张…②倪…　Ⅲ. ①制造工业 - 工业企业 -
企业管理 - 知识管理 - 研究　Ⅳ. ①F416.4

中国版本图书馆 CIP 数据核字（2017）第 117467 号

责任编辑：王东岗
责任校对：徐领柱
版式设计：齐　杰
责任印制：邱　天

制造产业集群企业知识协同理论与实践研究

张　健　倪　渊　著

经济科学出版社出版、发行　新华书店经销

社址：北京市海淀区阜成路甲 28 号　邮编：100142

总编部电话：010 - 88191217　发行部电话：010 - 88191522

网址：www. esp. com. cn

电子邮件：esp@ esp. com. cn

天猫网店：经济科学出版社旗舰店

网址：http://jjkxcbs. tmall. com

北京密兴印刷有限公司印装

710 × 1000　16 开　12.25 印张　230000 字

2017 年 5 月第 1 版　2017 年 5 月第 1 次印刷

ISBN 978 - 7 - 5141 - 8044 - 2　定价：39.00 元

目　录

第1章

绪　　论

1.1　研究背景及意义

1.1.1　产业禀赋优势衰减和技术滞后双重压力下，以创新为主导的发展模式成为制造产业集群转型升级的关键

制造业是关系国家、民族长远利益的基础性和战略性产业，其发展水平也是衡量一个国家经济竞争力的重要方面。改革开放以来，我国制造产业集群如雨后春笋般蓬勃发展，呈现出高速成长态势，对区域经济的贡献巨大，成为国民经济增长的重要推动力量和后蓄基石。随着外部环境的变化，金融危机的爆发以及互联网技术的日新月异，我国制造业集群正在面临空前的转型压力。一方面，中国人力成本快速上升导致廉价优势削弱，低端制造业流向东南亚、南亚等地，原有的产业链条被打断，制造企业特别是制造小企业生产经营状况不容乐观，金融危机后美国重新回归制造业，使得中国制造处于前后夹击之下。另一方面，随着以云计算、大数据、物联网为代表的新一代信息技术发展，尤其德国工业 4.0 模式成熟，我国也提出了制造业服务化发展的"互联网＋"支撑模式，全球制造业面临全面转型的压力，生产性服务和制造业相结合，已经成为制造业价值创造的主要趋势。我国制造产业集群长期生存于价值链低

端，技术严重滞后于快速转型的节奏，面临产业禀赋优势衰减和技术滞后双重压力，我国制造产业集群亟须引入创新为内涵的发展模式。

1.1.2 知识协同是实现我国制造产业集群创新的必要路径

当今时代，知识已成为组织中最具有战略性的资源，也是影响制造业企业技术的创新能力的决定性要素。从知识管理角度看，创新本质正是新知识的应用和创造的过程。然而，现代社会生产资源的有限性及劳动分工带来的专业化使得企业很难完全掌握技术发展所需的全部知识，制造企业要实现创新同样需要向外获取新知识。产业集群的空间临近性为制造业企业创新提供的一定的优势，在产业集群内部弥漫着诸多新知识，可以有效的在集群企业之间进行转移和共享，从而促进产业集群创新能力提升。这种模式是一种基于知识溢出的集群创新，其对于简单的渐进式创新具有积极的促进作用。但是，随着创新过程复杂性和持续性的增加，知识溢出推动创新模式的有限性也越发凸显，表现为它很难从根本上提升技术创新的实力，尤其是产生一些突破式的创新成果。在这种情况下，一种新的创新模式——基于知识协同的集群创新被诸多学者所支持，认为是解决当前创新困境的关键。知识协同创新是指以大学、企业、政府、中介组织和金融机构多方知识创造主体和技术创新主体共同参与，充分释放人才、信息、资本和技术等生产要素，将创新资源汇集在一起而实现的知识创新和扩散的合作模式。与"知识溢出的非自愿性扩散促进创新"相比，知识协同驱动创新的效率和质量更高。一方面，知识协同可以快速集聚不同主体的知识优势，弥补知识缺口，并通过隐性知识的优化整合，促进知识创新涌现效应的产生；另一方面，它有助于明确新知识创造过程中各主体的权责和利益分配，避免集群创新陷入"囚徒困境"的僵局。

由此可见，知识协同逐渐取代知识溢出，是我国产业集群知识创新的重要实现路径。

1.1.3 知识协同创新理论探索欠缺，难以指导产业集群企业实践

知识协同驱动集群创新的优势明显，但是集群企业要充分享受协同创新带

来的种种"优惠"，还需要与之匹配的知识管理实践及服务。然而，已有研究对于知识协同的探索尚处于初级阶段，理论落后于实践，研究领域和主题相对分散，主要领域包括涉及到政务、商务和高校科研等，研究主题包括客户知识协同[1]、供应链知识协同[2]~[4]、基于网络的知识协同[5]~[7]、知识协同技术方法[8]~[11]、集群环境知识协同[12][13]及人力资源组织协同[14]等方面。而对于制造业企业协同研发伙伴选择、制造集群企业协同研发模式的确定、知识协同网络的构建以及风险评价等若干关键问题并未讨论清晰，难以指导集群企业行为。因此，面对知识协同的新特点，产业集群企业如何顺利地完成"传统知识管理实践"到"协同知识管理实践"的过渡，提升知识管理实践与知识创新驱动力的契合度，便成为推动集群知识协同以及增进集群创新能力的关键所在，也成为本研究所关注的焦点所在。

综上所述，本书是在创新性国家建设和制造业升级转型的大背景下，针对制造业企业创新过程中不同主体知识互动契合低的问题，选择了制造产业集群知识协同作为关注的主题，围绕制造业集群知识协同内涵、知识协同网络构建以及知识协同网络优化等三方面关键问题展开探索。从理论上，进一步完善本土化的产业集群创新理论，并为产业集群治理理论提供新的内容。从实践上讲，通过实证研究进一步证明知识协同创新的可行性和有效性，打消广大集群企业家内心上协作的顾虑；同时也集群企业协作研发等提供可供一定的参考和依据。

1.2　国内外研究现状

本书探索的集群情境下的知识协同，涉及知识协同和创新网络两方面的关键内容，因此对已有研究的梳理也从这两个方面进行。

1.2.1　知识协同

随着网络经济和信息技术的发展，协同化已逐渐成为组织进化的重要趋势，组织的竞争优势将更多表现在组织内部各要素及组织间协同运作的能力方面。同时，知识已取代资本、自然资源等要素，成为组织价值创造的利器加速智力资本的协同创新，提升核心知识能力，这已成为各类组织，尤其是以知识资本为核心资源的企业群的重要管理内容。知识协同的出现，与社会经济发展、科技进步市场需求以及一些先进理论的发展有密切相关的关系。知识管理和协同学等理论的发展为知识协同研究提供了思想、理论与方法基础，信息技术和网络技术的发展为知识协同提供了技术与平台支撑，而社会、经济和市场的发展是知识协同发展的主要推动力。已有研究主要围绕知识协同的内涵和技术作用展开。

（1）知识协同内涵

目前，对知识协同概念的明确提出比较少，其中陈昆玉等提出企业知识协同是指企业通过整合组织的内外部知识资源，使组织学习、利用和创造知识的整体效益大于各独立组成部分总和的效应。劳里·格洛奇（Laurie Gloge）等则将知识协同（Knowledge Collab-oration）明确定义为组织的一种能力，它能将合适的信息在合适的时间传递给合适的人，作者还从创建知识协同文化、概括知识协同流程和实施知识协同技术三个方面对知识协同展开了进一步的论述。学者们对于对知识协同的认知差异主要来自对知识协同定位和目标的解读方面。关于知识协同目标的研究可以大致分为两类观点，第一种是以提高组织业务绩效为知识协同的主要目标，将知识协同视为组织提高业务能力和效力的重要杠杆。比如，卡林兹格（Karlenzig, 2002）将知识协同视为一种组织的战略方法，可以动态集结内部和外部系统、商业过程、技术和关系（社区、客户、伙伴、供应商），以实现商业绩效的最大化为目标。尼尔森（Nielsen）也指出知识是组织进化的决定因素，与知识相关能力的协同能够以增强知识创新的方式提升联盟中各主体的业务绩效水平。第二种观点是将知识协同的目标定位于知识管理，将知识协同视为知识管理活动的高级形态。安克拉姆（Anklam）指出知识管理的协同化发展就是知识协同，知识协同以协同、协作、共享和合作创新为主题，通过实践社区、学习社区，兴趣社区，口的社区等进行知识的协同和交互。樊治平等人认为知识协同的目标是为了完成知识创新任务，其实质就是一个协同知识创新的过程。柯青和李刚指出知识协同是在协同商务环境下，创新性地运用知识管理的相关理论方法和技术，以实现企业内外知识资源的协同管理和运作。尽管，知识协同的理解并未形成一致，但是有少数学者还是对集群情境下的知识协同给出了自己的界定，其中代表性的是李丹（2009）的探究，她在已有研究的基础上，从产业供应链的观点来，理解产业集群的知识协同，认为知识协同可以看作是同一产业或相关产业的关联性组织包括企业、科研院所、政府等准集群的协同化环境下，以知识创新为终极协同目标，融合多项知识资源和协同能力，多个协同个体参与的知识活动过程。

（2）知识协同技术

由于对知识协同本身的理解目前并没有完全明确，因此与知识协同相关的方法论和技术体系也尚未配套成熟。不过综合目前国内外学者对协同方法与技术的理论研究以及实践活动来看，同时考虑到知识管理方法与技术以及协同的本质，我们可以大致判断，知识协同相关方法与技术的研究主要集中在工作流和多智能体两个方面。基于工作流的协同技术已经成为协同技术中最受关切的技术领域。从工作流角度理解知识协同相关方法和技术，有两条相互交叉的研究主线，一条是工作流技术与知识管理的相互融合及其建模，另一条是工作流协同的建模及应用。近年来，企业在工作流优化整合的基础上，已开始注重将知识资源作为运作和管理的核心，在垂直和水平方向上进行知识流的优化整合，企业通过构建企业本体和采用协同工作流建模技术实现了对异构分布的知识资源的集成和共享，极大地提高了知识资源利用和问题求解效率。这就是对工作流视角的知识协同研究最好的实践证明。正如樊治平等的观点：以协同知识流/工作流管理为标志的发展阶段应该是企业信息技术的协同化进程的最高发展阶段。多智能体知识协同相关方法与技术研究主要是多主体系统群体协作技术的研究，如主体间的协作方法、协商技术、协调方式、连贯行为、多主体规划、相互作用与通信等。例如，潘邦传等专门研究了多 Agent 系统的协同，包括多 Agent 系统协同的原因、一般问题、协同关键方法以及协同协议和策略、几个代表观点，并简单描述了在当前主要应用领域内的经典工作，文中最后还提出了当前存在问题和研究领域；赵龙文等也将协同作为多 Agent 系统研究的主要内容，他们除了分析多 Agent 系统协同所涉及的问题外，还对不同组织结构的多 Agent 协同问题进行了讨论。

1.2.2 协同创新网络

创新网络的定义较早的来源是伊玛姆·巴哈（Imam Baha）（1989）关于创新网络的定义。他指出创新网络是应付系统性创新的一种基本制度安排。而后弗里曼（Freeman，1991）引证并接受伊玛姆·巴哈的创新网络定义，认为创新网络是应付系统性创新的一种基本制度安排，网络形成和出现是为了响应组织对知识的需求。随着知识经济时代的到来，科技加速发展，技术高度融合，市场对创新的要求越来越高，技术创新的难度也越来越大。单独的创新活动，甚至小范围、单层次的合作创新已很难满足技术创新的需要。为了适应环境的变化，提高创新绩效，创新主体对互补知识、外部资源的依赖性越来越强，与其他创新主体开展广泛交流、深层次合作的需求越来越迫切。在这样的背景下，催生了创新活动向系统化、网络化范式发展的趋势，协同创新网络应运而生。目前众多学者对创新网络的特点、作用机制以及影响因素进行探索。

（1）协同创新网络的概念

国内外学者对企业协同创新网络的概念研究尚不多见，只是一些学者运用协同理念对创新网络进行相应界定。例如，哈吉曼利斯（Hadjimanolis）指出，企业协同创新网络是由企业和客户、供应商、中介机构等通过形成垂直或水平的关联节点所构成。解学梅认为，企业协同创新网络是指企业在创新过程中，同供应链企业、相关企业、研究机构、高校、中介和政府等创新行为主体，通过交互作用和协同效应构成技术链和知识链，以此形成长期稳定的协作关系，具有聚集优势和大量知识溢出、技术转移和学习特征的开放的创新网络。刘丹，闫长乐（2013）指出协同创新网络是一种基于网络的合作创新，协同创新网络被看作不同的创新参与者［制造业中的企业、研究与开发（R&D）机构和创新导向服务供应者］的协同群体。它们共同参与创新的开发与扩散和新产品的形成、开发、生产和销售过程，通过交互作用建立科学、技术、市场之间的直接和间接、互惠和灵活的关系，参与者之间的这种联系可以通过正式合约或非正式安排形成，网络形成的整体创新能力大于个体创新能力之和。

（2）协同创新网络特征

协同网络结构特征方面的研究，米切尔（Mitchell）率先对网络特征进行了阐述，并给出了网络特征的框架体系，认为网络特征应从网络规模、网络结构以及网络互动性方面进行划分。邬爱其在研究网络特征与企业成长之间关系的过程中将网络特征划分为网络范围、关系强度和网络开放性三个维度。刘丹，闰长乐（2013）在综合已有研究基础上，指出协同创新网络具有复杂性、动态性、开放性、中心性、自增益性等特点。复杂性指协同创新网络是一个复杂适应系统，它不同于传统网络连接是随机的，且大部分节点的连接数目会大致相同。协同创新网络的联结是一个有意识的过程，具有一定的偏好性，节点往往倾向于选择与能力强、社会声誉好、技术先进的节点建立联结。节点的中心度越高，表明其在创新主体在网络结构中位置越重要。动态性指协同创新网络的运行是各创新要素互动、整合、协同的动态过程。知识、技术、人力、资金等创新资源是维持创新网络高效运转的血液，无时无刻地在网络中生成、流动和循环。自增益性指协同创新网络具有自组织协调机制。一是网络具有开放性，能够与外界进行物质、能量和信息的交流，确保系统具有生存和发展的活力。二是网络内部各子系统具有非线性相关性。自组织的形成能够使协同创新网络系统要想从无序的不稳定状态向有序的稳定状态发展，实现自我完善和发展。

已有文献表明协同创新网络特征对企业创新绩效具有重要的影响。例如，鲍姆、卡拉布里斯、西尔弗曼（Baum JAC, Calabrese T, Silverman BS）（2000）发现网络规模对制造企业成长具有重要作用，尤其是对新建制造企业而言，企业创新绩效随着网络规模的扩大而增加。莱克内尔（Lechner C）和雷阿纳斯（Leyronas C）（2007）则指出适当的网络规模是企业创新绩效的一个重要保障。本特森（Bengtsson M）（2004）发现，网络同质程度越高，企业间的竞争越激烈，并将直接或间接地影响企业间的合作关系，从而影响企业的创新绩效。罗志恒等基于我国制造企业的现状，对网络、资源获取和企业绩效关系进行了实证研究，结果显示网络强度与资源获取能力之间有显著的正相关关系，且随着资源获取能力的增强，企业创新绩效也明显提高。解雪梅（2013）等人，发现协同创新网络特征的三个维度（网络规模、网络同质性、网络强度）均与企业创新绩效之间呈正相关关系，且知识吸收能力在协同创新网络特征与企业创新绩效之间存在部分中介效应。

（3）协同创新网络的作用机制

协同创新网络作用机制主要围绕，协同创新网络与创新绩效之间关系展开，不同学者从不同的视角对两者之间的关系作出阐释。例如，解学梅，徐茂元（2014）基于长三角地区316家中小型制造业企业的数据探讨了协同网络对企业创新绩效的影响机制，发现协同网络对企业创新绩效具有显著的正向影响；协同创新机制和协同创新氛围对企业创新绩效均具有显著的正向影响；协同网络在协同创新机制、协同创新氛围与企业创新绩效之间分别存在着完全的中介效应和不完全的中介效应。张琼瑜（2012）指出高新技术产业集群协同创新过程中形成的"企业—企业""企业—政府机构""企业—中介机构"和"企业—高校或科研机构"等协同创新网络对创新绩效存在显著的正向效应；"企业—政府机构"协同创新网络不仅对创新绩效存在直接效应，还存在显著的间接效应；不同的协同创新网络对创新绩效的作用程度存在明显差异，"企业—企业"协同创新网络对创新绩效的促进作用最为显著，企业与其产业链上下游企业的纵向协同对创新绩效的推动效应明显高于企业与同行企业的横向协同。林润辉（2014）等则从资源依赖理论和协同创新理论的角度，以国家工程技术研究中心为研究对象，探讨协同创新网络、法人资格和创新绩效的关系。研究结果显示网络规模与创新绩效的关系呈倒"U"型关系，网络多样性与专利分数的关系也呈倒"U"型关系，与获奖分数则呈线性关系，此外，法人资格在网络规模与创新绩效的关系中起调节作用。

综合已有研究，知识协同和协同网络均是当前创新和知识管理领域研究的前沿问题。集群情境下的知识协同的相关文献并不丰富，其概念内涵、关键要素和相关机制都缺少系统性研究。这也进一步佐证并研究的重要性和必要性。

1.3 研究内容框架

本书内容围绕的具体研究如下：

第1章，绪论，介绍了本书的整体研究背景和内容以及框架图。

第2章，协同知识管理实践内涵、影响因素及作用机制。主要在明晰协同知识管理实践（CKMP）内涵的基础上，详细分析了其前因和后果变量，并以 5 个地区的 342 家集群企业为样本进行实证研究。

第 3 章，知识协同网络构建之伙伴选择。根据制造业企业特点，从知识整合的角度出发，结合模糊集和 DEMATEL 法（决策试验和评价实验室法），建立企业间协同研发关键成功因素识别模型，研究制造业集群企业协同研发影响因素间的相互关系，并对其关键因素进行识别。在此基础上，构建制造业集群企业协同伙伴选择指标体系，通过运用 BP 神经网络模型来进行伙伴选择。

第 4 章，知识协同网络构建之合作模式选择。根据合作双方在产业链上所处的位置，将企业合作研发模式分为横向合作研发和纵向合作研发。并在对制造业产业集群企业合作研发模式分析的基础上，重点分析了知识因素对企业合作研发的影响。

第 5 章，基于知识服务业知识协同网络的优化。在分析制造业产业集群知识需求现状的基础上，将知识需求划分为市场知识需求、组织生产需求和环境因素需求。结合知识价值链理论，总结出集群中知识合作创新过程分为知识感知、知识确认、知识选择、知识吸收、知识创新、知识输出六个阶段。通过分析知识服务业对这六个阶段的影响，结合知识服务供应链理论，将知识服务业划分为知识提供主体、知识中介主体和知识集成主体。分析不同的知识服务主体参与知识合作的形式，构建出知识服务业嵌入型制造业产业集群知识合作创新模型。

第 6 章，服务化制造业集群知识共享风险评价研究。对传统制造业集群与服务化制造产业集群进行了知识共享过程的系统辨识，按照知识共享的前提、过程与目的三个阶段识别了服务化制造业集群知识共享过程中关系、知识共享能力与利益三方面的知识流并生风险，建立了依附于知识共享过程系统的知识共享风险评价指标体系，构建了基于 E – BP（熵值法和 BP 神经网络法）的服务化制造业集群知识共享风险组合评价模型。最后，进行了基于问卷调查法的实证研究，通过熵值法对样本数据的处理结果对两集群指标权重及各风险平均权重进行了特征分析，为传统与服务化集群知识共享风险规避提供了针对性的建议。

第 7 章为本书的研究结论。

本书的技术路线如图 1 – 1 所示。

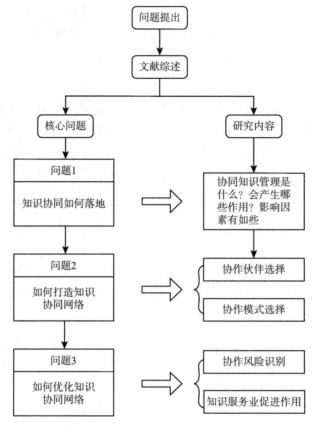

图 1-1　技术路线

第2章

协同知识管理实践内涵、
影响因素及作用机制

引　子

　　产业集群是区域经济发展的重要载体和动力源，而知识创新则是提升产业集群创新能力的根本途径。大量研究指出，随着知识创新过程复杂性和持续性的增加，知识协同逐渐取代知识溢出，成为产业集群知识创新的主要动力源[15]~[16]。与"知识溢出的非自愿性扩散促进创新"相比，知识协同驱动创新的效率和质量更高。一方面，知识协同可以快速集聚不同主体的知识优势，弥补知识缺口，并通过隐性知识的优化整合，促进知识创新涌现效应的产生[17]；另一方面，它有助于明确新知识创造过程中各主体的权责和利益分配，避免集群创新陷入"囚徒困境"的僵局[18]。

　　知识协同驱动集群创新的模式优势明显，但是集群企业要充分享受协同创新带来的种种"优惠"，还需要与之相匹配的知识管理实践。目前我国产业集群企业普遍采用的是传统知识管理实践，其核心做法是通过建设数据库、信息管理系统等，来收集、储存、整理、共享企业相关知识资源，促进知识向业务竞争优势的转化。传统知识管理实践是一个技术导向的封闭系统，它在不强调"互动性"的知识溢出驱动产业集群创新活动中发挥了一定的积极作用[19]。然而，随着产业集群创新驱动力变更，当传统知识管理实践面对"主动性""战略性"以及"开放性"要求更高的知识协同创新活动时，其有效性便大为降低，两者之间的低契合度也使产业集群企业普遍陷入了"知识协同难和难协同"的困境。因此，面对知识协同的新特点，产业集群企业如何顺利的完成"传统知识管理实践"到"协同知识管理实践"（collaborative knowledge management practice，CKMP）的过渡，提升知识管理实践与知识创新驱动力的契合度，便成为推动集群知识协同以及增进集群创新能力的关键所在，也成为企业界和学者们共同关注的焦点。

在实践方面，一些领先的产业集群企业已经着手对组织制度、平台建设进行调整，尝试打造符合自身特点的协同知识管理实践，来适应创新活动的新变化，并取得不错的实施效果。但是，还有相当部分的企业管理者对协同知识管理实践望而却步：一方面他们担心"协同"可能为企业运营带来更多的风险；另一方面他们对于如何系统开展协同知识管理活动也知之甚少。理论方面，学术界对于CKMP的研究仍处于起步阶段。目前国内外学者主要是围绕"协同知识管理实践的概念和特点以及相关技术"两方面内容展开探索。其中，前者主要涉及"CKMP是什么、它与传统知识管理的区别"；后者主要涉及"如何构建协同知识管理信息系统（CKMS）、CKMS的组成部分以及开发中的关键技术"，研究方法以定性和案例研究为主[20]。回顾现有文献成果不难发现，学者们对于协同知识管理实践的重要性已经产生一定的共识，但对其深入研究普遍缺乏，尤其是借助大样本挖掘和实证CKMP的影响以及作用机制。这一问题的解决可以进一步明晰哪些因素会促进和推动CKMP的形成、CKMP又是如何发挥作用影响企业产出的，对于破解集群知识协同困境都具有直接的指导意义。

综上所述，基于协同知识管理实践对集群创新能力提升的重要性，协同知识管理实践自身的复杂性以及内在机理对CKMP实施的重要性和研究的鲜有性，本书选择了协同知识管理实践的影响及作用机制作为主题进行研究，在明晰了CKMP结构维度的基础上，结合前人研究成果，分别探索了CKMP的前因和结果变量，并提出了CKMP相关机制的整合模型；然后，以山东、上海、北京、浙江以及广东等5个地区342个产业集群企业为样本收集数据，验证相关理论假设和模型的有效性。

2.1 协同知识管理实践的内涵

协同知识管理实践内涵和结构维度的界定是探索其前因和后果变量的基

础，目前很多学者从不同视角对其的内涵进行阐述，如表 2 - 1 所示[21]~[36]。

表 2 - 1　　　　　　　　已有研究对协同知识管理实践内涵的不同理解

文献来源	协同知识管理实践的概念
卡林兹格 （Karlenzig） （2002）	CKMP 是一种最大化组织群整体商业绩效的战略方法，它通过建立组织间商业过程和技术的动态联系系统，实现不同知识资源整合与长期合作的保持
范登博施 （Vandenbosch） （1999）	CKMP 是组织为实现知识管理目标而有意识地采取的一种战略行为，它以组织间信息和知识的共享为基础，将知识资源以最快的速度、最有效地方式传递给最需要的人，满足不同主体的知识需求
李玉龙 （Yulong Li） （2009）	从供应链的角度出发，认为 CKMP 是为了实现整个供应链的业务目标，不同环节的企业跨越组织边界，共同进行知识的创造、知识存储、知识搜索、知识应用及知识扩散活动。它促进不同组织智力资本的融合，有效提升组织内外知识管理水平
张少杰，石宝明 （2009）	CKMP 的目标是使组织成为知识型组织，它是以信息技术和互联网为基础和手段，将组织间的目标链、结构链、过程链以及平台链有机结合起来的一种新型管理模式
丹 （2009）	CKMP 是关联性组织以知识创新为终极目标，融合多项知识资源和协同能力，多个协同个体参与的知识活动过程
王玉 （2007）	CKMP 是以组织间协同知识链为主导，对知识资源的获取、共享、创新、应用等过程进行同步管理，发挥整体效应的过程

以上不同的定义隐含对协同知识管理实践特点的一些共性认知：①CKMP是一个多维构念，是一系列知识管理活动的"综合体"；②CKMP 是组织知识管理实践发展到一定阶段产物，与以往知识管理活动有着密切联系；③CKMP是一种知识链到目标链的转化，借助知识链条整合和协同效应发挥来实现多个组织共赢。综合以上几点，结合本书产业集群的研究情境，本书将产业集群企业的协同知识管理实践理解为：集群企业为了满足自身知识需求而主动采取的一种战略行为，它以产业集群企业密切合作形成的知识网络为基础，以实现知识协同效应和知识资源价值的最大限度增值为目的，不同主体企业间开展的一系列知识创造、存储、获取、扩散以及应用活动的总和。

协同知识管理实践各个维度的含义如下：①协同知识创造。产业集群企业与合作伙伴共同努力来补充新知识或者修正已有存量知识的一系列行为，比如说，集群企业邀请其供应商参与新产品的开发、协助调整不同生产工序之间的有机整合等等。②协同知识存储。产业集群企业为了更加有效获取知识，统一并且合并知识库的行为，具体包括不同知识库数据的统一格式化、知识库数据存储位置以及不同知识库所有权和共享方式的确定。协同知识存储的最终目标是整合不同企业各异的知识库，构建一个统一的协同知识管理平台或者门户。③无障碍的知识获取。它是指产业集群企业借助协同知识管理平台，从外部知识库中准确、简单、快速地获取需要知识的过程。④协同知识扩散。产业集群企业与其合作伙伴通过多种交流方式，分享和传播知识，实现跨组织边界的知识转移，尤其是彼此知识库中隐性知识的转移。比如，集群企业与合作伙伴定期举行的研讨会或者培训班等。⑤协同知识应用。产业集群企业与其合作伙伴利用共同形成的知识空间来指导组织的经营决策，解决组织运行中出现的各种问题。比如，产业集群企业与其供应链企业，借助信息交互，调整彼此库存与生产计划等。

2.2　协同知识管理实践的影响因素

协同知识管理实践为我国产业集群自主创新能力的提升提供了新方向，但是要指导集群企业真正地接纳并且广泛采用这一新事物，还必须明晰哪些因素会影响组织 CKMP 的实施。对于 CKMP 前因变量，国内外学者们进行了一系列探索。国外学者普遍从组织变革的角度来分析影响 CKMP 的相关因素，他们认为 CKMP 包含诸多新技术和新理念，企业要想成功实施就必须经历一场组织变革。按照这一思路，他们常用的研究框架有三个，分别为罗杰斯（Rogers）的 DOI 模型[27]，托纳茨基（Tornatzky）和弗莱舍（Fleischer）的 TOE 模型[28]，亚克维（Iacovou）等的 OTA 模型[29]。这三个研究框架都阐释了新技术和新理念在组织内外扩散的影响机制，其中 DOI 模型将 CKMP 看成是组织特征（如组织的规范化、组织的松散度）以及技术特征（如技术复杂度、技术的兼容性等）的复合函数；TOE 模型则在 DOI 模型的基础上增加了环境因素（如行业特征）；OTA 模型认为 CKMP 是由组织内部准备情况、外部压力以及感知得益三方面共同决定的。李玉龙（2009）比较了三种模式，指出协同知识管理实践的应用与一般新技术扩散有所不同，它涉及多个主体其影响因素更为复杂。他提出的 CKMP 前因变量模型包括组织特征（技术框架和组织框架）、外部环境（环境不确定性、外部压力）以及感知到相对优势（直接优势与间接优势）三方面因素。国内学者普遍采用要素分解方法来寻找 CKMP 的前因变量，包括协同主体因素（比如知识协同的主体意愿、主体知识资源丰裕程度、协同主体的知识吸收能力等）、协同客体因素（知识差异、知识）以及协同环境因素（文化背景、知识的距离、地理距离）[30]~[31]。综合国内外学者的已有研究，本书以协同知识管理关键要素为基础，从 CKMP 的主体—协同组织、CKMP 客体—知识空间、CKMP 情景—外部环境三个方面找寻影响因素，其中组织方面因素涉及合作文化、组织技术准备、高层管理支持以及组织授权；知识特性方面通过知识互补性来反映；情境方面从环境不确定性、外界压力以及伙伴关系三方面来描述。3 方面因素与 CKMP 关系假设如下所示：

2.2.1　组织方面的影响因素

（1）协作文化与协同知识管理实践

组织文化是保证组织战略成功实施的"润滑剂"，协同知识管理实践作为涉及组织多个层面变革的重要决策，同样需要与之相契合的组织文化——协作文化。协作文化强调个体之间以及组织之间合作的重要性，在这种文化的感染下，组织个体会更加关注组织和团队的目标，而非个人绩效。一般来讲，员工个体作为组织知识的载体，会尽量避免知识分享行为，因为一些重要经验的转移会影响员工在组织中的地位，危机其职业安全。然而，在强调协作的组织文化中，这种风险认知对知识共享的负面影响会大大减少，成员分享有价值的知识的意愿会增强，从而促进协同知识共享及扩散活动[32]。基于以上分析，本书提出以下假设：

假设 H1a：协作文化对协同知识管理实践有积极影响。

（2）组织的技术准备与协同知识管理实践

技术的发展改变了知识活动的形式和方式，在当前网络化和信息化的时代背景下，一个完整的技术框架是成功应用协同知识管理的基础。正如曼斯菲尔德（Mansfield）和罗密欧（Romeo，1980）所说的那样："任何知识协同活动程度不仅取决于合作伙伴分享知识的意愿，还受到组织技术投入的影响"。组织在技术方面的准备涉及5方面内容：沟通支持系统、协调系统、数据管理系统、企业的信息门户以及决策支持系统。其中，沟通支持系统不仅可以扩大不同组织知识用户知识共享的范围，还可以借助丰富的交流媒介促进隐性知识的转移；数据管理系统可以存储组织协同活动中的海量数据，降低知识协同的成本，提升知识协同的效率；协调系统有助于增加企业知识管理的柔性，实现不同组织知识库的整合；企业信息门户作为外界知识用户跨边界知识查询的中心节点，可以有效控制协同知识共享的风险；决策支持系统可以将分散数据重构，提升组织对外部吸收能力，增加组织间知识交互的意愿。因此，基于以上分析，本研究提出以下假设：

假设 H1b：组织的技术准备对协同知识管理实践有积极影响。

（3）高层管理支持与协同知识管理实践

与任何一种新技术的扩散类似，协同知识管理的实施同样离不开上层领导者的支持。CKMP 是组织战略层面重要决策，涉及一系列组织内部调整，如果缺乏高层的支持可以说是寸步难行。从理论上看，来自企业高层的支持一方面可以使组织资源向协同知识管理的相关项目倾斜；另一方面可以消除员工的疑虑，保证 CKMP 的落地并以最快的速度回报组织。从实证上讲，达文波特（Davenport）与普鲁赛克（Prusak）研究发现，高层管理者参与的知识管理建设项目比没有高管参与的同类项目更容易取得成功[33]。因此，基于以上分析，本研究提出以下假设：

假设 H1c：高管团队支持对协同知识管理实践有积极影响。

（4）组织授权与协同知识管理实践

集群企业的核心知识嵌入在组织内部少数专家的智力资本上，集群企业协同知识创造、扩散等活动也是这些不同领域专家"独特思想"碰撞的结果。因此，借助必要的激励手段，调动专家知识共享和交互的积极性，是应用 CKMP 的重要前提。已有文献指出，组织授权是激励知识型人才有效方式，当知识型人才被赋予足够权责时，他的内在潜能会被激发，表现出更多的新知识和新技能开发行为[34]。此外，彼德森（Peterson）和齐默曼（Zimmerman）的研究指出，组织授权有助于击破组织壁垒，鼓励跨边界的沟通和伙伴关系的建立[35]。因此，基于以上分析，本研究提出假设：

假设 H1d：组织授权对协同知识管理实践有积极影响。

2.2.2　知识属性方面的影响因素

知识方面主要影响因素是知识的互补性。知识互补性包括差异性和关联性两个维度构成。其中，差异性强调产业集群企业所拥有知识资源的特殊性；关联性反映的是合作双方知识资源在某些领域方面的相似性和兼容性。就知识差异性来讲，它是促进 CKMP 应用的内在驱动力，因为 CKMP 期望的就是借助不同类型知识聚集和碰撞来产生创新，而已有实证研究也暗示了这一点。罗珀（Roper）和克龙（Crone）发现只有当企业自身知识库足够与众不同时，才能激发其他组织的知识共享行为[36]；科恩（Cohen）和贝利（Bailey）指出合作双方知识的异质化能够产生更好的绩效，原因在于知识的多样性能够促进不同观点信息的交换和流通[37]。

除了知识差异性，合作双方知识关联性对于 CKMP 同样重要。因为合作伙伴间知识差异性较大，仅能说明彼此间学习与知识获取和创新的潜力较大，但这种潜力的实现需要双方具有一定的知识关联性，否则他们便失去了沟通与交流的基础，难以实现知识真正的吸收和创造。从实证来看，里根（Reagans）和佐克曼（ZuckerMan）研究指出知识存量的相似性在一定程度上能够促进组织之间的沟通，提高不同的技能信息和经验分享的程度[38]；卡夫特罗斯（Koufteros）则从另一个角度指出合作双方对于某些知识歧义以及矛盾的理解会造成知识共享的壁垒[39]。因此，综合以上两个方面的分析，本研究提出如下假设：

假设 H2：知识互补性对协同知识实践有积极影响。

2.2.3　协同情境方面的影响因素

(1) 环境不确定性与协同知识管理实践

环境不确定性源于企业面临市场、供应商、竞争对手以及技术等方面不可预知的变化。这些因素的变幻莫测，使企业难以获得理性运作所必需的信息，增加了企业决策的风险。根据奈特的研究，企业要想规避不确定性，联合是一个有效途径，比如说企业间的创新合作、技术的合作联盟等。张钢则从企业能力的视角分析不确定性的对策，认为组织动态能力是应对外界不确定性的关键，而在知识经济的背景下，动态能力取决于组织的知识基础和外部知识聚集的共同作用。虽然学者们研究的视角有所差异，但已有结论都暗示了外部的不确定性驱动企业向周边组织寻求交流，以保证更多负熵的流入，而 CKMP 恰恰可以看成是这种力量驱动下的一种具体实现方式。因此，综合以上分析，本书提出以下假设：

H3a：环境的确定性对协同知识管理实践有积极影响。

（2）外界压力与协同知识管理实践

外界压力是驱动组织应用新技术的重要诱因，当企业周边的组织都在采用某项新的技术时，对于尚未应用该技术的企业就会形成巨大压力，而这种压力会迫使其做出组织变革。对于协同知识管理实践同样如此，具体表现为：集群企业所处行业、周边的竞争对手以及主要合作伙伴采用 CKMP 的行为会迫使企业本身采取类似的行为。一方面，当集群企业的竞争对手普遍采用 CKMP 时，CKMP 这种新技术便成为一种行业趋势，企业为了保证其在整个行业中的地位，不得不应用 CKMP；另一方面，当集群企业的绝大多数合作伙伴采用 CKMP 时，企业为了继续保持供应链的持续发展，也必须应用 CKMP，而且这种情况遇到强势的合作伙伴时更容易发生。基于以上分析，本书提出以下假设：

H3b：外界压力对协同知识管理实践有积极影响。

（3）伙伴关系与协同知识管理实践

协同知识管理是多方参与、共同努力的结果。因此，企业成功应用 CKMP，除了衡量组织自身的情况，还要判断其他参与主体是否做好准备。本书引入"伙伴关系"来反映企业与预期协作主体彼此信任、承诺以及拥有共同价值观的程度。首先，信任和承诺是保证组织间知识网络形成的重要因素。协同项目不仅需要大规模信息技术的设计与应用，其正常运行也需要大量 IT 人员的培训与日常维护。此外，协同过程中还涉及其他公司的一些敏感信息。

这些因素都增加了企业参与协同知识管理的风险，而合作双方的信任和承诺可以降低参与主体对可能面临机会主义的恐惧，促进双方合作的实现。库拉尔（Curral）和贾奇（Judge）发现，信任和承诺可以鼓励组织间的开放沟通并提升他们知识分享的意愿[40]。康奈利（Connelly）和克洛维（Kelloway）实证研究指出，知识提供者与吸收者之间的信任关系是实现知识转移尤其是隐性知识的转移的必要条件[41]。其次，协同知识管理不仅是一项技术变革更是一项理念的变革，共同的价值观可以保证参与企业更好地理解知识协同的潜在优势，从而以足够的动力和投入热情到协同知识管理项目建设中。博迪（Boddy）等人实证研究发现，共同价值观的缺乏导致引起组织间合作的失败[42]。综合以上分析，本书提出以下假设：

H3c：伙伴关系对协同知识管理实践有积极影响。

2.3　协同知识管理实践的作用机制

伴随着协同知识管理的广泛应用，许多成功案例已经用实际行动说明了CKMP 对参与组织发展的重要意义。拉梅什（Ramesh）和提万纳（Tiwana）结合消费电子市场的一个典型案例来说明新产品开发过程中协同知识管理的必要性[43]。托林格（Tollinger）等研究了协同软件是如何应用于美国火星探索项目并支持该项目取得成功的[44]。理论研究方面，不少学者们也定性讨论了CKMP 可能为组织带来的诸多好处，其中最有代表性的是史密斯（Smith）（2001）的研究。他总结了众多案例，系统地阐述了 CKMP 从 6 个方面支持参与组织获取竞争优势：①帮助组织适应外界快速多变的环境；②优化组织间的交易；③处理一些非结构化决策；④推动组织创新；⑤促进人力资源开发；⑥加速供应链整合。综合已有文献，本书将从知识质量、集群供应链整合以及组织创新三个方面分析协同知识管理实践的作用机制。

（1）协同知识管理实践与知识质量

知识质量反映的是知识资源满足知识用户提高生产力、影响社会生活、节约成本以及知识增值等要求的程度。对于 CKMP 而言，其核心价值不仅在于扩展了组织的知识存量，而且有效提升组织知识管理能力，促进知识的质变，从而满足用户对知识资源的不同诉求。具体来讲，协同知识创造可以整合不同领域专业知识满足用户对于知识多样性、新颖性的需求；协同知识存储可以实现跨组织边界的知识搜索与获取，满足用户对于知识可用性的需求；协同知识扩散借助更加丰富的培训方案满足用户对于知识实用性、及时性以及解释性的需求；协同知识应用可以实现知识在不同情境下的实用、验证以及更新，满足用户对于知识增值性的要求。因此综合以上分析，本书提出以下假设：

假设 H4a：协同知识管理实践与集群企业知识质量存在正向关系。

（2）协同知识管理实践与集群供应链整合

协同知识管理的目的是实现企业间知识链的有效管理，而知识链以集群企业间的合作网络为载体的，因此 CKMP 的应用势必会影响集群企业间的合作。集群供应链整合是集群企业深度共同合作的结果，是指集群企业与供应链伙伴通过战略合作，协调管理组织内外部各个流程，以最低的成本、最快速度满足客户需求。已有研究指出供应链整合可以有效应对外界环境的不确定性，但它必须建立在厂商对供应链的每一个环节都有相当了解的基础上。根据前文分析可知，组织应用 CKMP 可以轻松实现跨边界的知识搜索与获取，当厂商对于供应链整体的知识有了足够吸收与内化时，他们彼此间深度合作的驱动力会大大加强。大量研究也暗示了 CKMP 对集群供应整合的促进作用。希尔（Hill）和斯卡德（Scudder）指出 CKMP 可以动态连接不同组织，便于他们之间讨论并制定共同的战略决策[45]；赫尔特（Hult）等人认为，协同知识管理有助于不同组织间的实时沟通，大大简化供应链整合流程的难度[46]。李玉龙研究发现：当外界环境动态性较高时，CKMP 可以减少组织间合作的交易成本，促进战略联盟的形成。综合以上分析，本书提出以下假设：

假设 H4b：协同知识管理实践与集群供应链整合存在着正向关系。

（3）协同知识管理实践与组织创新

知识是创新的基础，大量已有研究指出组织间知识共享、整合、转移和扩散对组织创新能力提升有促进作用，而这些知识的相关活动都包括在协同知识管理体系中，由此可以推断 CKMP 对于集群企业创新能力有潜在的积极影响。回顾集群环境下"知识－创新关系"的相关文献，可以发现"隐性知识的获取"以及"外部知识嵌入"是推动产业集群企业创新的两个关键。前者可以通过 CKMP 中丰富的交流媒介来实现，如虚拟社区和平台建立；后者则可以借助 CKMP 中"统一的知识门户或者管理系统"来完成，将非本地企业的知识库嵌入到已有知识网络中，扩展知识空间的宽度和广度。此外，协同知识管理还被认为一个高效的工作系统。一方面，CKMP 让组织以最短的时间了解到整个知识链的全貌，找到其中的缺口，更加准确和科学定位组织的创新战略；另一方面，CKMP 可以节约专家工作时间，借助虚拟交流平台专家不需要重复回答知识用户类似的疑问，从而将大部分的精力用于新知识的创造。综合以上分析，本书提出以下假设：

假设 H4c： 协同知识管理实践与组织创新存在着正向关系。

2.4 产业集群企业协同知识管理实践的整合模型

根据以上分析，本书提出协同知识管理实践前因及后果变量的整合模型，如图 2-1 所示。

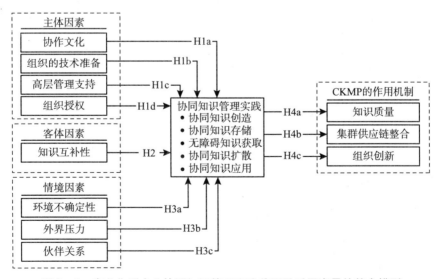

图 2-1 产业集群企业协同知识管理实践前因及后果变量的整合模型

2.5　实　证　分　析

2.5.1　问卷设计

本研究共涉及 12 个不同的构念，每个构念在已有文献中都有所涉及。因此，对于这些变量的测量，本书主要依托于国内外成熟量表，结合具体情境进行了适当修改。每个构念的测量维度及参考文献如表 2 - 2 所示[47]~[59]。所有变量的测量均采用 Likert 的五分量表法。为了保证问卷题项表述的清晰，避免歧义的出现，在问卷正式发放之前，本研究分别咨询了 5 位企业管理者与 5 位同行，就问卷的语言描述进行了修改。

表 2 - 2　　　　　　　　　　变量的测量与来源

变量	测量维度	来源文献
技术准备（TI）	沟通支持系统；数据管理系统；企业的信息门户；协调系统；决策支持系统；	阿拉维和提万纳（Alavi & Tiwana）（2003）；李玉龙（2007）；
协作文化（OCC）	工作团队；直接上级；业务单元	斯威比和西蒙斯（Sveiby & Simons）（2002）；李光生，张韬，黄介武（2009）
高层管理支持（TMS）	单维变量	戈德曼等人（Goldman et al）（2002）；李怡娜，叶飞（2013）
组织授权（OE）	动态结构指南；工作决策的控制；信息共享的流动性	马休斯等人（Matthews et al.）（2003）；陈国权（2012）
知识的互补性（KC）	知识的差异性；知识的关联性	徐小三，赵顺龙（2010）
环境的不确定性（EU）	技术不确定；供应商不确定；市场不确定；竞争对手的不确定	李（Li）（2002）
外界压力（CP）	单维变量	李玉龙（2007）

变量	测量维度	来源文献
伙伴关系（PR）	信任；承诺；共同价值观	叶飞，徐学军（2014） 摩根和亨特（Morgan，M R & Hunt D S）（1996）
协同知识管理实践（CKMP）	协同知识创造；协同知识存储；无障碍的知识获取；协同知识扩散；协同知识应用	李玉龙（2007）
知识质量（KQ）	单维变量	德朗和麦克莱恩（DeLone & McLean）（1992）；李玉龙（2007）
集群供应链整合（SCI）	供应商整合；内部整合；客户整合	纳森汉和金（Narasimhan & Kim）（2002）；许德惠等（2012）
组织创新（OI）	产品创新；流程创新；管理创新	希门奈斯和桑斯 - 瓦勒尔（Jimenez D&Sanz - ValleR）（2008）；阎海峰，陈灵燕（2010）

2.5.2　样本选择、数据收集以及统计

①样本企业所在地域的确定：本书以北京、上海、山东、浙江以及广东等 5 个产业集群相对发达地区作为目标区域展开调研。考虑到本书研究主题是组织间知识管理活动且 CKMP 需要一定的技术支持，为了增加研究的代表性，本书选择目标城市中知识密集型产业作为关注重点，范围涉及医药、软件、航天航空、文化创意以及精密制造业等 5 类产业的 20 个产业集群。

②调查对象的确定：为了保证收集数据的质量，对于每一家产业集群企业，选择企业高层管理人员或者技术总监进行深入访谈和问卷调研收集数据。之所以选择他们作为调研对象是因为这两类人员的工作职责中有很大一部分内容是与外部组织沟通和协作，同时他们对本公司知识管理的现状也最为了解。

③收集方法的确定：为了保证足够的数据规模，提高问卷发送和回收效率，本研究综合采用了实地调研、电子邮件（E - Mail）问卷调查两种方式。对于北京本地以及周边地区的产业集群企业通过现场实地调研完成；对于其他地区产业集群采用 E - Mail 调查方法。此外，本研究还借助本校经济管理学院的 MBA 资源，对其中符合条件的校友进行问卷调研，作为补充。本次调查共发出

1200 份问卷，回收 410 份，其中，有效问卷为 342 份，有效回收率为 28.5%。

有效问卷中所包含调研产业企业和被调研对象的基本信息如表 2 - 3 和 2 - 4 所示。

表 2 - 3　　　　　　　　　　　　被调研企业信息

企业概况	分类	计数	比例（%）	企业概况	分类（人）	计数	比例（%）
企业所在地区	北京	73	21.35	企业规模	1~50	43	12.57
	上海	62	18.13		50~100	69	20.18
	广东	61	17.84		100~300	57	16.67
	浙江	77	22.51		300~2000	147	42.98
	山东	69	20.18		2000 以上	26	7.60
企业集群性质	医疗	64	18.71	成立年限	3 年以下	24	7.02
	软件	82	23.98		3~5 年	47	13.74
	航天航空	32	9.36		6~10 年	123	35.96
	文化	74	21.64		11~15 年	104	30.41
	高端制造	90	26.32		15 年以上	44	12.87
销售额	1000 万元以下	149	43.57	企业类型	国有	83	24.27
	1000~5000 万元	124	36.26		民营	88	25.73
	0.5~3 亿元	41	11.99		三资	97	28.36
	3 亿元以上	28	8.19		集体	74	21.64

表 2 - 4　　　　　　　　　　　　被调研对象的统计特征

被调研人员概况	分类	计数	比例（%）
教育程度	专科及以下	41	11.99
	本科	211	61.70
	硕士及以上	90	26.32
职位	首席执行官/总经理	78	22.81
	总工程师/技术总监	102	29.82
	副总经理	106	30.99
	中层管理者	56	16.37

续表

被调研人员概况	分类	计数	比例（%）
当前职位的工作时间	<2 年	57	16.67
	2~5 年	79	23.10
	6~10 年	52	15.20
	大于 10 年	154	45.03

表 2-3 的统计数据显示，本书调研的样本企业在各个目标地域和目标行业中的分布比较均衡，且各种不同类型的企业都有所涉及；从企业规模、成立年限及销售额来看，调研样本企业基本上覆盖了不同生命周期时期的组织类型，但是处于稳定期和发展期企业较多，这与上文中协同知识管理实践前因变量分析结论是相符的，因为这个时期的企业寻求发展和扩展的动力最强且有了一定的技术和资金的准备。

表 2-4 统计数据显示，接近 90% 的调研对象都具有本科以上的学历，具有良好的教育可以保证他们对于问卷内容的准确理解；接近 85% 的调研对象为高层管理者且在自身岗位上有两年以上的工作经验，这些特点保证了他们对本公司以及组织间知识管理活动有充足了解，从而确保问卷数据的客观性和准确性。

2.5.3　信度与效度的检验

以巴戈奇（Bagozzi）以及巴戈奇和飞利浦（Philips）提出的量表信度和效度检验方法为基础，参考同主题文献的研究过程，本书采用克龙巴克阿尔法（Cronbach's α）值与"题项对变量所有题项的相关系数（CITC）"对问卷中各变量的信度进行检验；采用探索性和验证性的因子分析对问卷中各个变量的效度进行过检验。具体步骤如下：

①利用 SPSS19.0 软件中的可靠性分析（Reliability Analysis）得到 α 值以及不同项目（item）的 CITC 值。如果 CITC 的值小于 0.5 则删去该题项，并重新计算 α 值；当 α 值 >0.7 时说明问卷的可靠性较好，介于 0.7~0.35 之间可以接受，小于 0.35 则放弃。

②利用 SPSS19.0 软件因子分析（Factor Analysis）得到纯化后量表的 KMO

值、不同 item 的因子载荷以及累积贡献率。删除因子载荷 < 0.5 或者共载 > 0.4 的题项；如果 KMO 值 < 0.7 表示量表维度之间相关性太低，需要重新设计。

③利用 Amos17.0 软件的 CFA 进一步验证测量模型的拟合优度，其主要统计检验量及适配标准如表 2 - 5 所示。

表 2 - 5　　　　　　　　　拟合优度统计量的适配标准

拟合优度统计量	X^2/df	GFI	AGFI	NFI	TLI	RMSEA
适配标准或临界值	< 3	> 0.9	> 0.9	> 0.9	> 0.9	< 0.08

根据以上步骤，对本研究 12 个测量量表的信度和效度检验，主要结果如表 2 - 6 所示，首先，所有量表的 Cronbach's α 值都大于 0.7，均在可接受范围内，表示各变量以及维度的研究数据具有很好的可信度和稳定度；其次，所有量表 KMO 值都大于 0.7，表示代表母群体的相关矩阵间有共同因子存在，适合进行探索性因子分析；再次，所有量表测量变量的维度的因子载荷值均大于 0.5 且累积方差解释率超过 50%，表明所有构念符合结构效度要求；最后，所有量表测量变量的拟合优度指标值均标准要求范围之内，可开展后续研究分析。

表 2 - 6　　　　　　　　　量表的信效度检验摘要

量表	Cronbach's α	KMO 值	因子载荷（最小值）	累计方差解释率（%）	拟合优度统计值
技术准备	0.9174	0.893	0.679 0.708 0.713 0.636 0.643	69.545	$X^2/df = 1.403$；GFI = 0.975；AGFI = 0.977；NFI = 0.925；TLI = 0.959；CFI = 0.978；RMSEA = 0.028
协调文化	0.8597	0.830	0.653 0.719 0.651	59.897	$X^2/df = 1.622$；GFI = 0.926；AGFI = 0.914；NFI = 0.882；TLI = 0.907；CFI = 0.919；RMSEA = 0.048
高层管理支持	0.8984	0.724	0.645 0.738	65.238	$X^2/df = 1.758$；GFI = 0.962；AGFI = 0.929；NFI = 0.875；TLI = 0.911；CFI = 0.929；RMSEA = 0.046

续表

量表	Cronbach's α	KMO 值	因子载荷（最小值）	累计方差解释率（％）	拟合优度统计值
组织授权	0.8905	0.798	0.622 0.713 0.668	60.988	$X^2/df = 1.674$；$GFI = 0.957$；$AGFI = 0.947$； $NFI = 0.868$；$TLI = 0.897$；$CFI = 0.930$； $RMSEA = 0.041$
知识的互补性	0.8841	0.798	0.724 0.677	63.769	$X^2/df = 1.698$；$GFI = 0.944$；$AGFI = 0.931$； $NFI = 0.849$；$TLI = 0.830$；$CFI = 0.916$； $RMSEA = 0.037$

2.5.4　结构方程模型的建立与假设检验

（1）构建结构方程模型

由于本研究提出的整合模型涉及多个自变量与多个因变量之间关系，针对此特点，本书采用结构方程模型法（SEM）进行数据分析，并基于 Amos17.0 软件来实现相关假设的验证过程，如图 2 - 2 所示。

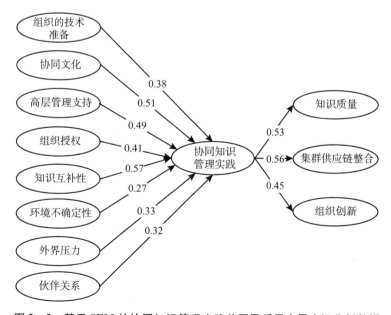

图 2 - 2　基于 SEM 的协同知识管理实践前因及后果变量实证分析数据

(2) 模型拟合度检验

如表 2 - 7 所示，拟合结果显示各项拟合指标均达到理想数值要求，该整合模型的拟合度比较理想。

表 2 - 7　　　　　　CKMP 前因及后果变量整合模型的拟合统计情况

X^2/df	RMR	RMSEA	GFI	AGFI	CFI	NFI	IFI
1.642	0.085	0.079	0.909	0.915	0.924	0.901	0.919

(3) 模型路径效果分析与假设检验

表 2 - 8 是和协同知识管理实践与其前因变量与结果变量之间关系的强度与显著性检验情况。影响机制方面，协作文化、高层管理支持、知识互补对 CKMP 影响的标准化路径系数分别为 0.513、0.492、0.568，且路径系数在 0.001 水平上显著（P < 0.001），因此接受 H1a、H1c、H2；组织技术准备、组织授权、伙伴关系、外界压力对 CKMP 影响的标准化路径系数分别为 0.379、2.824、2.537、2.504，且路径系数在 0.01 水平上显著（P < 0.01），因此接受 H1b、H1d、H3b、H3c；环境不确定性对 CKMP 影响的标准化路径系数为 0.272，且路径系数在 0.05 水平上显著（P < 0.05），接受 H3a。作用机制方面，CKMP 与知识质量、集群供应链整合、组织创新的影响的标准化路径系数分别为 0.525、0.558、0.446，且路径系数在 0.001 水平上显著（P < 0.001），因此接受 H4a、H4b、H4c。

表 2 - 8　　　　　　协同知识管理实践影响及作用机制的路径系数

序号	假设路径结果	标准化路径系数	C.R. 值	P 值	对应假设	检验结果
1	协作文化→协同知识管理实践	0.513	3.343	***	H1a	支持
2	组织技术准备→协同知识管理实践	0.379	2.901	**	H1b	支持
3	高层管理支持→协同知识管理实践	0.492	3.119	***	H1c	支持
4	组织授权→协同知识管理实践	0.367	2.824	**	H1d	支持

续表

序号	假设路径结果	标准化路径系数	C. R. 值	P 值	对应假设	检验结果
5	知识互补→协同知识管理实践	0.568	3.736	***	H2	支持
6	环境不确定性→协同知识管理实践	0.272	2.372	*	H3a	支持
7	外界压力→协同知识管理实践	0.329	2.537	**	H3b	支持
8	伙伴关系→协同知识管理实践	0.323	2.504	**	H3c	支持
9	协同知识管理实践→知识质量	0.525	3.468	***	H4a	支持
10	协同知识管理实践→集群供应链整合	0.558	3.603	***	H4b	支持
11	协同知识管理实践→组织创新	0.446	3.014	***	H4c	支持

注：* 表示 $P < 0.05$，** 表示 $P < 0.01$，*** 表示 $P < 0.001$。

2.6　结论与讨论

为了回应集群企业管理者关于应用协同知识管理的种种质疑，推动协同知识管理实践在产业集群企业中的广泛应用，促进产业集群企业间知识协同效应的产生，本书选择了协同知识管理实践的内涵和机制作为关注的焦点，详细研究了协同知识管理实践的结构维度、前因和后果变量，并以北京、上海、山东、浙江以及广东等 5 个地区的 342 家产业集群企业为样本进行实证研究，得到以下结论：在产业集群中，①协同知识管理实践是一个多维构念，包括协同知识创造、协同知识存储、无障碍的知识获取、协同知识扩散以及协同知识应用 5 个维度，其结构与传统知识管理实践有一定的相似性。②协同知识管理实践的成功需要考虑三方面的因素：组织的特点、知识属性以及环境因素。组织方面，组织授权、高层管理支持、组织技术准备以及协作文化与协同知识管理实践是显著正相关的；知识属性方面，知识的互补性与协同知识管理实践是显著正相关的；环境方面，环境不确定性、外界压力以及伙伴关系与协同知识管理实践是显著正相关的。③不同因素对协同知识管理实践的影响效果有差异，知识因素的影响效果最强（平均路径系数为 0.568），组织因素的影响次之（平均路径系数为 0.43775），情境方面因素相对较弱（平均路径系数为 0.308）。④协同知识管理实践对组织的知识活动和业务发展有积极影响，表现为协同知识管理实践与组织的知识质量、集群供应链整合以及组织创新是显著正相关的。

本书主要从两个方面对现有跨组织的知识管理理论进行补充：一是本书打破了已有协同知识管理研究采用"定性分析和案例分析"的一贯做法，借助大样本的实证研究探索协同知识管理实践的相关机制，为组织借助知识协同获取竞争优势提供了更多可借鉴的共性规律。二是本书提出的协同知识管理实践影响因素及作用机制的整合模型为学者们进一步探索 CKMP 搭建了一个比较系统的研究框架和平台，弥补了已有研究结论相对零散的缺点。未来的研究中，学者们可以借助此框架搜索更多潜在的前因以及后果变量，也可以在已检验主效应的基础上增添中介和调节变量进一步解开协同知识管理相关机制的"黑箱"。

本书的研究结论对组织管理实践也有一定的指导意义。一是本书作用机制部分的研究结论有助于打破集群企业管理者固有的思维模式，让他们意识到组织在协同知识管理方面的投入是对组织获取竞争优势的积极影响。另外从调研样本的数量来看，已经有相当规模的组织采用了协同知识管理实践，而且其中不乏行业领先的龙头企业，这对持质疑态度的企业高层管理者也有一定的激励作用。二是影响机制部分的结论为管理者成功实施协同知识管理实践勾勒出了一幅清晰的路线图。组织要成功应用 CKMP 首先要考虑它与潜在合作者之间知识的互补性，这是选择协同伙伴最重要的原则；其次要积极修炼"内功"完成组织软件与硬件的准备，因为协同知识管理实践是一项理念变革同时也是一项技术的变革；最后要综合考虑行业竞争情况，并注重良好合作伙伴关系的维护。三是管理者可以利用本书开发的 CKMP 测量量表自我诊断跨组织知识管理的情况，并借助与标杆企业的比较，完善自身的协同知识管理体系。

本书尽管对现有管理理论与实践做出了一些贡献，但仍然存在不少局限。一是数据问题。本书采用自报横截面数据，虽然是从多个来源收集得到，但同源误差（CMV）仍然是影响本书结果的一个潜在问题。未来研究可以采用纵向数据重复我们的研究过程，进一步检验本书结论的有效性。二是样本类型问题，本书调研样本以知识密集型产业集群为主，对于其他类型集群涉及较少，这主要是受 CKMP 对技术要求较高的限制影响，但随着协同知识管理实践不断的推广，未来研究可以采用不同类型样本量来验证本书结论的泛化性。三是变量有限问题。本书选择前因后果变量均来自于已有文献的梳理和总结，但是不排除还有其他影响因素，例如协同知识管理实践对集群供应链绩效的影响等。这些因果关系探索可以作为未来其他学者的研究方向。

第 *3* 章

知识协同网络构建之伙伴选择

知识协同已被视为优化整合知识资源、实现快速有效的知识创新的一种手段，知识协同作为一个系统，包含了构建、运作、解体等生命周期阶段，其中，如何进行合适的伙伴选择，构建紧密协作网络是知识协同的前提和基础，也是本章研究的主题所在。产业集群这种组织形式在很大程度上形成了协同研发的相对优势，不但提供了大量可供选择的协同伙伴，而且由于地理位置的接近，更加便于企业间的沟通协商。然而，许多企业之间的合作、联盟并没有带来预期的效益，有些甚至中途瓦解，造成这种结果的原因有很多，而错误的合作伙伴是最根本、最重要的一个原因。通过对企业间产品协同研发过程的研究，发现其本质上是一个知识整合创新的过程，知识整合效率对组织研发创新能力的提升、资源配置的优化、研发成本的降低等有重要作用，直接关系到企业合作研发的成功与否。

本章根据制造业企业特点，从知识整合的角度出发，结合模糊集和 DE-MATEL 法（决策试验和评价实验室法），建立企业间协同研发关键成功因素识别模型，研究制造业集群企业协同研发影响因素间的相互关系，并对其关键因素进行识别。在此基础上，构建制造业集群企业协同伙伴选择指标体系，通过运用 BP 神经网络模型来进行伙伴选择。最后以山东省某重型机械制造业产业集群为例，进行了实证分析，说明了模型的有效性和可操作性。

引　子

当今社会，制造业企业处于一种剧烈变动的环境中，产品的多样化和复杂性不断提高，知识的获取、创新、运用成为企业保持其竞争优势的重要源泉[60]。随着竞争的加剧，单靠企业自身的力量来创造新知识已无法满足其不断发展的需要，而且，由于知识共享对组织创新能力和创新绩效有显著的推动作用，进行组织间的知识共享成为企业的必然选择。产业集群是某一特定领域内相互联系的企业及机构在地理上的聚集体。这种产业的集聚形式在很大程度上形成了知识共享方面的相对优势，不但提供了大量可供选择的知识共享伙伴，而且由于地理位置的接近，更加便于企业的沟通协商。

然而，许多企业之间的合作、联盟并没有带来预期的效益，有些甚至中途瓦解，造成这种结果的原因有很多，而错误的合作伙伴是最根本、最重要的一个原因[61]。尽管理论与实践界对知识共享在促进企业创新、保持和提升企业竞争优势等方面的重要作用具有相当的共识，但是，企业如何选择合适的知识共享伙伴，避免不必要的知识共享阻碍，减少知识共享成本，在现有的研究中还较为少见。

合作伙伴的选择作为企业重要的战略决策之一，一直是学者们研究的重点。例如，陈亮轩（Liang - Hsuan Chen）和洪嘉昌（Chia - Chang Hung）运用模糊综合评价方法，对制药行业研发领域的合作伙伴选择进行了研究。而部分学者在虚拟企业合作伙伴选择的研究中，引入了层次分析法模型（AHP），对备选的合作伙伴进行综合评价。这些方法各有其特点和优势，是近年来众多学者辛勤耕耘的结晶，但也存在一些不足：如权重的设计带有很大的模糊性，人为影响因素较大，在评价中存在着不同程度的信息失真；随着时间、空间的推移，各指标对问题的影响程度也可能发生变化，确定的初始权重不一定符合实际情况；有些方法的运算也往往过于繁杂，无法进行大规模的评价，即使花费大量的人力精力，运算结果也难以令人满意。而 BP 神经网络属于隐式数学处理方法，无须建立数学模型，只需将处理过的数据输入训练好的网络中，通过相应的数学工具即可得出结果，评价过程更为方便、快捷[62]；同时，神经网络具有高度并行性、高度非线性和鲁棒性、记忆推理、对任意函数的任意精度逼近能力等特点，能够实现自组织、自学习、自适应等功能，适用于信息不完全的复杂多属性综合评价问题。BP 神经网络在智能控制、模式识别、综合评价等领域中已经得到了广泛的应用。而知识共享伙伴选择即是一个信息不完全的复杂多属性综合评价问题，适合于运用 BP 神经网络模型对其进行研究。因此，本书在前人研究的基础上，根据制造业产业集群知识共享的特点，构建了制造业集群企业知识共享伙伴选择的指标体系，并采用 BP 神经网络模型，对其知识共享伙伴选择进行研究。

3.1　知识整合视角下制造业集群企业协同研发

随着新技术的迅猛发展，企业所需要的产品技术和知识越来越广泛，以及客户个性化程度的不断提高，使其产品研发过程中面临着不确定因素多、涉及的知识技术领域广、项目周期长、成本高、开发难度大等诸多挑战。为了降低成本、规避风险、加快研发效率，企业已经逐渐从传统的依靠自身资源的"封闭型"研发模式开始向有效整合企业内外部资源的"协同型"研发模式转变[63]。产业集群的特点及协同研发的特殊性，决定了知识的共享与整合对其成功运作的重要性。促进和提高知识整合的行为和效率，对提升组织成员的研发创新能力、优化其资源配置、降低研发成本等有重要作用。而且，企业间的协同研发实际上是一个跨学科、跨组织的知识识别、获取、共享、整合、创造的过程，而相对于知识共享、知识的整合更为重要。

国内外学者从不同视角对知识整合进行了研究，阿拉维（Alavi）和提万纳（Tiwana）[64]通过对传播理论的扩展，指出影响知识整合的因素有：交互记忆的限制、成员间相互了解不足、背景知识共享的失败以及僵化的组织关系。弗罗斯特（Frost）和周（Zhou）[65]认为合作研发经历能通过提高合作双发的吸收能力和社会资本，进而对知识整合起到促进作用，并通过对某跨国公司下属两个不同部门长达 21 年的研究，证实了这一假设。张可军等[66]在对知识整合研究的过程中，添加信任为中间变量，分析了不同的领导类型，对知识整合效果的影响。研究结果表明，变革型领导对成员信任和知识整合都有显著正向影响，成员信任在变革型领导与知识整合之间具有部分中介作用。陈文春和袁庆宏[67]从组织学习的视角出发，探讨两种关系原型（创业型社会关系和合作型社会关系）如何通过影响组织学习过程，进而对组织知识整合能力产生影响。从以上的分析可以看出，现有的文献大多是一个或几个特定的视角出发，对知识整合的影响因素进行研究。这些影响因素从企业战略层面来看都有重要作用，但由于一个企业自身资源的有限，不可能对所有因素同时进行关注。而且，不能排除这些影响因素之间存在因果关系的可能性。基于这种考虑，本书采用 DEMATEL（决策试验和评价实验室）和模糊集方法，对影响知识整合的关键因素之间的因果关系进行分析，确定各个影响因素的重要程度。这样，企业就可以根据关键因素的因果关系和重要性来进行战略调整，以满足组织自身状况和达到特定的目标。

3.1.1 协同研发合作动因研究

国内外学者对协同研发的合作动机进行了大量研究，达成了相当的共识，其协同研发的主要动因包括以下几个方面。

（1）整合互补资源

随着科学技术的不断发展，企业所在领域涉及的知识与技术的难度不断加剧，覆盖的范围也不断变宽，跨学科跨领域的产品研发日益常见，这就导致进行企业间的技术知识互补资源的整合成为必然选择。由于只有极少数大型企业可以独立完成复杂产品的研发生产工作，一般企业很难依靠自身资源（资金、人力、技术等）来实现产品的创新。只有与其他企业进行互补性知识技术资源的整合，来完成广泛的研发项目。由于技术知识的缄默性、排他性以及难以度量性，企业在一些关键技术的获取上变得异常困难，而以知识共享的方式取得互补性资源，能够很好地弥补这一缺陷，因此，获得互补性的资源是企业协同合作的主要目的。米切尔（Mitchell）和辛格（Singh）（1996）的研究也发现，与传统的市场交易相比，企业间进行协同研发合作可以更为有效、便利的获得所需的资源。与此同时，将互补性资源进行共享整合的时候，还可以产生协同效应，取得 $1 + 1 > 2$ 的效果，帮助协同研发联盟的成员取得更大的技术优势。

（2）分摊研发成本、降低研发风险

由于用户的需求更加个性化与多样化，产品设计的技术不断复杂，使得研发的不确定性和成本不断提高，严重制约了企业满足市场、客户需求的能力，限制了企业的发展。建立协同研发的合作机制，可以使成员间更好地沟通交流，减小研发的不确定性、提高企业研发资本的利用率。康姆斯（Combs）（1993）的研究发现，进行合作研发，加强企业间的信息交流与共享，可以增加新产品研发的成功概率。联盟成员通过对研发项目、战略、目标的有效沟通，可以选择更加恰当的研发路径，从而提高研发效率，降低研发成本。另外，在协同研发过程中，可以进行有效的分工，充分发挥每个成员自身的技术优势。这样的专业化分工也必然会带来成功率的上升，消耗资金的减少。

（3）加快新产品市场的进入速度

企业进行研发工作的目的，是为了满足顾客新的需求。只有更快的达到顾客对产品的预期需要，才能更快的占领新产品的市场份额，到达企业的利益最大化。

第一，成员间的互补资源可以使企业抢先进入新的市场。一方面，与拥有互补行资源的企业进行知识技术的交流共享，可以减少研发过程中的不确定性，提高研发效率。因此，在同样的研发技术水平的情况下，选择恰当协同研发伙伴，能够有效缩短企业从产品研发到市场推广的时间，大大加快企业占领市场的进程。另一方面，在各个产业领域，产品开发设计的内容越来越复杂，不但需要对产品本身的技术进行研究，还要考虑到相关设备与工艺的开发。因此，与拥有互补性技术资源的企业进行协同合作，可以大大提高整个研发联盟的技术水平和竞争实力。

第二，协同研发的企业成员间可以取长补短，提高自身新产品的研发速度。因为知识的缄默性和难编码性，在传统的交易市场，企业很难获得需要的知识资源。学习理论的观点认为，企业与企业之间进行知识的转移、共享、整合，是企业获得知识的一种非常有效的措施。企业间进行合作不但是出于合作研究和开发项目的目的，也应该在合作交流的过程中，彼此学习，提高自己能力，为以后的发展做好准备。

（4）提高组织的动态应变能力

现代管理学家认为，如今组织处于外部环境急速变化的时代，技术更新换代的速度与日俱增，这对组织的创新能力和应变能力提出了更高的要求。新的知识往往在不断变化创新的组织中产生，因此组织必须能适应市场的需要的动态应变能力。在技术交易的过程中，往往存在两方面的问题：一是技术知识属于无形资产，使得交易双方对交易伙伴所拥有技术的价值难以判断，不能给出准确的估价，技术交易中会出现逆向选择的问题。二是在技术开发与交易的过程中，由于知识的溢出效应，会导致机会主义行为。因此，完善的知识技术交易市场尚未形成，快速的知识交易与传播受到各个方面因素的制约。虽然通过知识所有企业的兼并和收购，可以有效降低知识交易过程中的道德风险，以及逆向选择的问题，但是所需成本过高、过程过于复杂，通过这种方式来获得技术知识也难以适应市场发展的需要。通过组织间的协同研发，促进相互的技术信息交流，企业可以根据市场需求的变化和技术的发展，进行动态的调整，使企业在快速的外部环境变化中拥有足够的应变能力。

3.1.2 制造业集群企业协同研发流程分析

产业集群企业间协同研发过程的，就是企业间合作开发新技术、新产品的过程，本书结合知识管理理论，分别从信息识别获取、学习吸收以及应用创新三个阶段对整个协同研发流程进行分析：

①产业集群企业间协同研发的信息识别获取阶段，主要是针对外部互补性信息知识资源的识别、获取和共享。在这一阶段，产业集群中的有合作意向的企业，通过对集群内潜在的合作伙伴消息的搜集，找到拥有互补性资源、技术、销售渠道或管理理念的合作伙伴，通过集群内建立的关系网络，来促进企业间资源性、知识型、社会资本型要素的转移流动。本书分别从三个具体环节对这一过程进行界定：信息感知环节，利用集群内产生的各种社会关系网络，以及其建立的信息共享服务平台等交流途径，收集潜在合作企业的相关信息，尤其是拥有互补性资源的合作者需要特别注意；伙伴选择环节，对潜在的合作企业进行综合能力评价，选择其中最能提升协同研发效率的伙伴；战略定位环节，对企业自身在协同研发系统的地位进行评估，制定研发战略目标和处理伙伴关系的基本原则。

②在制造业集群企业协同研发过程中，学习吸收阶段会将合作伙伴的技术、知识溶于自身的知识储备中，整合所得到的知识信息，并通过设计战略和组织结构来完成知识的吸收创新。扎拉（Zahra）和乔治（George）（2002）将知识吸收能力的内涵分为两个方面：一是包括知识获取和同化在内的潜在吸收能力；二是包括知识转化开发的已实现吸收能力。在此基础上，本书从三个环节来分别研究这一过程：知识分解环节，指接收方企业在理解新知识价值的基

础上，将其拆分为有可能加以利用的知识片断；知识接受环节，在知识有效的拆分的基础上，需要接受企业自身具有一定的知识积累，使其能够和知识传播方处于同一技术层面，从而以最大程度保留新知识的价值；知识吸收环节，是接收方企业将协同合作伙伴的知识纳入自己知识库。

③协同研发的知识运用阶段，这一阶段接收方企业将吸收学习到的知识融合到自身的知识体系中，使之成为企业自身新能力的有机组成，并将其应用到生产研发过程中，实现知识的创新和知识存量的增加。本书从两个方面界定这一过程：知识的融入环节，使之成为企业技术能力的有机组成部分，并将其贯彻到研发活动中去；知识的创新环节，实现知识价值创造能力的不断提高，从根本意义上实现知识的整合。

在以往的研究基础之上，本书认为协同创新的形成是知识的获取、学习吸收、应用与创新等阶段的循环攀升过程，整个过程可以视为一个知识的识别－知识的分解－知识的接受－知识的吸收－知识的融入－知识的创新这样的完整的知识整合过程，如图 3－1 所示。

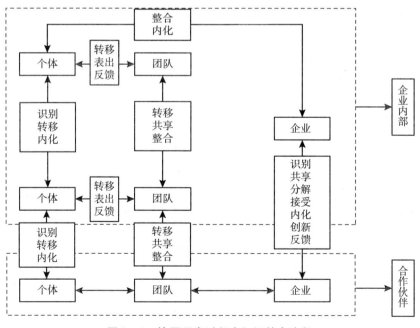

图 3－1　协同研发过程中知识整合流程

3.1.3 基于知识整合的企业协同研发影响因素分析

本书采用文献分析的方法，对国内外知识整合影响因素方面的相关研究成果进行搜索，共搜集到相关文献 83 篇，结合产业集群企业在协同研发过程中知识整合的特点，对已有的 54 个影响因素进行筛选，合并重复或内涵相似的因素，并剔除出现次数较少的因素，最终本书从知识特性、主体特性、组织特性三个方面进行归纳，筛选出 12 个产业集群成员知识整合影响因素。

(1) 知识特性

知识的交互性。交互记忆（transactive memory）理论是由韦格尔（Wegner）[68]首先提出的，是指对来自不同的知识领域内的各种信息进行编码、储存、检索和交流活动的共享认知劳动分工。在一个企业内，如果一个员工了解到其他个人所擅长的领域时，当一项任务产生，通过组织内正式或非正式的交流沟通，往往就会将任务交给最合适的员工去完成，这个时候交互记忆就发生了，我们把知识的这种性质称之为交互性或分散性[69]。制造业大型复杂产品的特点决定了在其研发过程中，涉及的知识技术领域广泛，所需的知识和技术的深度和广度都远远超过了普通产品。在产业集群成员中，前期的调查和合作的经历使得组织成员对彼此所拥有的知识和技能有很好的了解，当企业在产品技术研发的过程中，遇到某些技术难题，就可以与拥有互补性技术和知识的企业进行协同合作。这样，每个企业都可以专注于自身的核心技术体系，在减少认知负担的同时，通过知识的共享整合获得了大量的技术知识资源，更有利于产业集群企业的创新[70]。

知识的互补性。跨组织的学习和知识的协同创新，是建立产业集群成员的重要目的之一。而知识的互补性被认为是跨组织知识协同效应的主要来源[71]。姚（Yao）等[72]把知识互补性定义为在产品研发过程中，不同技术和知识的冗余度低。这样组织通过不同技术、知识、资源的整合就可以形成学习和价值创造的巨大潜力。鲍特劳（Berdrow）和莱恩（Lane）[73]选取北美地区 8 个国际合资企业作为调查对象，通过 20 次的深入调查访谈发现，互补知识的共享与集成是成功知识管理的关键。制造业大型复杂产品的研发涉及多个技术领域，作为研发主体，不论是个人还是企业，都会有自己的强项和弱项，如果产业集群成员中的成员知识相似度太高，那么以知识整合和协同创新为目的的合作行为就变得没有必要。

知识的相容性。知识的相容性又称协调性，是指产业集群成员中知识转移方的知识与潜在接收方现有的经验、技术基础和需求结构是否相近。产业集群成员中知识的相容性有两层含义：一是转移方的知识与潜在接收方自身知识背景和技术基础的相容性。二是转移方的知识是否与潜在接收方的研发方向、战略目标等相一致。如果新的知识与企业自身知识背景、技术基础和需求结构相近，则新知识可迅速被吸收整合，具备相容性的新知识不会给个人或企业带来不必要的混乱，使他们在面对知识和技术更新时更有信心[74]。库珀（Cooper）和兹玛特（Zmud）[75]在对美国制造业企业创新情况的研究中发现，缺乏相容特性的知识和技术，在将来的吸收和整合环节会给企业带来很大的不便。

（2）主体特性

动机与意愿。TPB 理论（Theory of Planned Behavior，计划行为理论）认为，某项行为的产生取决于主体实行某种特定行为的行为动机和意愿[76]。行为的动机和意愿反映出主体愿意付出多少成本和时间去实行某种特定行为。主体的动机和意愿越强，采取行动的可能性越大。在企业间协同研发的过程中，只有当知识源企业和知识接受方企业都有较高的知识共享整合意愿时，才能进行有效的协同创新。刘红丽等[77]通过对高技术产业集群的研究发现，知识源的转移动机和意愿，会对其是否主动参与知识的转移与共享过程产生影响，直接关系到共享知识的数量和质量，进而影响知识整合与创新。而且，知识接受方的学习意愿也会对其进行知识的吸收和创新产生影响，由于知识源的惰性和对核心知识的保护心理，知识共享的过程不一定会自然发生，所以只有当知识接受方有强力的学习意愿和获取动机时，才能有力的推动协同创新中知识的转移，学习新的知识，为知识的整合、创新做好准备。

知识转移能力。知识转移能力是指知识转移方能够清楚的解释、表达和说明相关知识，并通过恰当的方式（会谈、文本、电话、网络等）传递给知识接受方的能力。通过知识的转移，可以使协同研发中的各个企业快速的吸收联盟知识库中现有的知识技术，提高企业的知识储备，进而促进知识的整合和产品的成功研发[78]。马丁（Martin）和萨洛蒙（Salomon）[79]通过对跨国企业的研究，发现知识转移能力对知识转移绩效有积极的影响，能够帮助其提高知识资产，进而促进企业的国际扩张。在制造业大型工程机械等复杂产品的协同研发中，面对多领域的技术需求，知识源的知识转移能力越强，知识解释、表达的效果越好，并根据具体的知识内容和知识属性，采取恰当的知识传递途径，这样能帮助知识接收方更有针对性的获取、整合知识[80]。

知识吸收能力。知识吸收能力是指知识接受方将转移获取的其他组织的知识进行分解，识别出其中自身需要的知识，并吸收进自身的知识体系中，以提高自身的产品技术研发能力。知识吸收能力，是影响知识整合的关键要素，企业在协同研发的过程中个，能够增加多少知识储备和提高多少技术实力，都收到了知识吸收能力的影响。格兰特（Grant）等[81]的研究发现，知识吸收能力取决于组织知识技术的前期积累，组织所具有知识的深度和广度决定了知识吸收的效率，知识存量越多，技术基础越相似，就能更好的对知识源的知识进行吸收，从而促进知识的整合与创新。大量的研究表明，组织的学习吸收能力对知识的整合的效率、范围和弹性有积极的影响。

（3）组织特性

信任：在协同研发的过程中，企业间的信任缺乏会对其知识的共享和整合造成严重的阻碍。企业间的合作关系实际上是一种对合作双方未来行为的预期，而这种预期可以是书面规定的，也可以是默契形成的[82]。知识的难以度量性和隐蔽性，使得知识交换双方在缺乏信任的前提条件下无法产生积极的知识共享意愿，阻碍知识整合的进行[83]。在合作研发中，如果企业间没有很好的信任关系和信任机制，那么组织很大可能会将自己独有的知识技术进行隐藏，以免自己在未来市场上失去竞争优势，这样将导致知识整合很难进行。比盖特·瑞兹尔（Birgit Renzl）（2008）的研究表明，个体担心在知识共享过程中失去自身独特的价值，这是知识共享的重要阻碍之一。而信任能明显减轻个体的这种忧虑，从而对知识共享起到促进作用。企业间的信任关系可以消除知识整合过程中合作伙伴的"搭便车"行为，增加知识共享的意愿。已经有众多的文献研究表明，信任对知识活动的积极作用。达文波特（Davenport）和普鲁扎克（Pruzak）[84]认为信任在知识市场运行中起到了关键性的作用，主体会根据对知识交易方的信任程度，决定是否交换或共享知识。德纳崴（Dhanaraj）等[85]结合组织学习与经济社会学理论，对国际合资企业内的知识转移进行研究，研究结果表明信任对隐性知识的转移有重要的作用。简兆权等（2010）

以珠三角地区 116 家高科技企业为研究对象，使用结构方程模型方法进行了实证研究，研究表明企业间的信任程度越高，则知识的共享程度越高，进而间接的对企业的技术创新绩效产生正面影响。因此，在制造业集群企业间建立充分的信任关系，可以促进企业成员在一个和谐的氛围中工作，加强彼此间的沟通交流，提高知识整合和协同研发的效率。

组织文化。组织文化是组织在长期的生产经营中形成的特定的价值观与基本信念，社会促进（Social facilitation）理论和计划行为理论认为，个体的行为会受到周围氛围和群体的影响。组织文化通过对员工心智模式和行为的影响，进而对整个组织的运行产生作用[86]。很多组织知识整合失败的原因在于企业将大部分的人力、物力、财力投在了技术层面，而忽略了组织文化的重要作用。戴维德（David）和费伊（Fahey）[87]从四个层面上研究了组织文化对企业知识的创造、共享和使用的影响情况，认为组织文化已经成为企业知识管理中的关键要素。博克（Bock）等[88]通过对 27 个韩国组织 154 名管理人员的研究中发现，良好的组织氛围对员工的知识共享意愿能起到积极的作用。李志宏等[89]也认为组织拥有一个良好的共享文化，不仅直接对知识共享行为产生直接的显著影响，也会通过自我效能、结果预期进而对知识共享行为产生间接的影响。在制造业企业协同研发中，如果拥有一个较高程度的共享文化氛围，将更利于知识资源的整合，使协同研发达到事半功倍的效果。

预期收益。经济交换理论指出，主体的行为是受理性的自我利益所引导，人们产生知识共享行为的动机就体现在其获得（或感知）的收益大于其实施该行为的成本；知识市场理论则完全将人的知识共享行为视为一种市场行为，因为知识的共享会使知识源失去独有知识带来权力、地位等收益，所以只有知识源预期获得的经济或知识收益能弥补损失时，知识共享行为才能发生。赫斯特德（Husted）和麦克洛娃（Michailova）[90]认为组织应该给愿意进行知识共享的员工进行物质奖励。只有让员工感觉到他们在共享自己独有的知识后，所得到的远远超过所失去的。岳（Yue）等[91]根据调查新加坡 262 名教育机构成员发现，奖励、知识囤积所能得到的成本 - 效益等收益类因素，能够很好的对主体的知识共享行为进行预测。李（Lee）和安（Ahn）[92]也认为知识共享需要耗费共享者的时间和精力，因此，在一个成功的合作研发组织中，必须使知识共享者有足够的预期收益，才能保证知识共享、整合的良性进行。

激励机制。由于知识具有外部性，集群中企业与企业之间又存在一定的竞争关系，出于对自身利益的考虑，例如担心将自己掌握而他人缺乏的知识进行共享后，会造成自身核心优势的降低，而不愿转移自己的知识或有所保留。知识的转移与整合并不是理所当然，企业集群中如果没有完善的激励机制知识的整合是不会自动发生的[93]。

一个合理有效的激励机制能够在促进拥有互补知识的企业进行知识共享，尤其是隐性知识的共享方面起到了重要的作用[94]。达文波特[95]通过对 21 家企业 34 个知识管理项目的研究中发现，在组织中建立一个鼓励知识创造、转移、使用的合理机制，是成功知识管理的核心影响因素。丛海涛[96]的研究发现，激励机制有利于企业之间、企业内部的知识转移。在制造业集群企业协同研发的过程中，应在集群内建立恰当有效的内外部激励机制，既能充分企业自身知识学习创造的积极性，不断增加自身知识的积累，还可以激发与其他企业间的知识共享与整合，在产品研发的过程中通过协同来解决技术难题，进而提升企业的技术研发能力。

成员间的关系距离。关系距离是指协同创新合作双方关系的紧密性、稳定性与相互认同性[97]。在制造业企业进行大型产品协同研发时，企业间密切的关系可以降低知识整合成本、促进伙伴战略和学习文化的趋同性、并提升知识的整合能力，这能有效地提高协同研发的效率。而且，成员间紧密的关系也可以促使双方共同进行知识规划活动，制定共同的战略目标，促进技术信息标准化，提升知识整合过程中的系统化能力[98]。蔡（Tsai）和戈沙尔（Ghoshal）[99]认为良好的关系能使企业对于合作伙伴的文化、价值观和信念有较强的认同，可以促进彼此的沟通和协同，进而促进知识整合过程的顺利进行。

IT 技术水平。先进的 IT 技术水平可以帮助实现在企业与企业之间、企业部门之间、企业内部员工之间广泛、及时、可靠的信息交流与信息技术服务[100]。周（Zhou）和芬克（Fink）[101]根据在澳大利亚进行的调查，认为 IT 技术不但对企业中知识的再现、积累、应用起到了促进效果，而且能够改善员工共享、吸收知识的能力，这将对知识的整合起到关键的作用。曾萍等（2011）基于对珠三角企业经验数据的分析，研究了 IT 技术、知识共享与组织创新间的关系，认为 IT 技术不但对组织间的知识共享有促进作用，也推动了组织内的非正式的知识共享。在集群企业间进行协同创新的过程中，先进的 IT 技术水平，在集群企业、客户、研发团队之间搭建了一个有效的交流平台，可以有效整合协同研发系统内各个成员（客户、企业、供应商、研发团队）的信息和知识，实现技术的高校传递，为协同创新提供技术资源和决策信息支持。

知识整合视角下企业协同研发影响因素见表 3－1。

表 3－1　　　　　　　　知识整合视角下企业协同研发影响因素

准则	因素	相关研究
知识特性	交互性	韦格尔（1997）；张钢和熊立（2009）；宋志红等（2010）；李煜华等（2012）
	互补性	洛夫斯特罗姆（Lofstrom）（2000）；鲍特劳和莱恩（2003）；姚等（2013）
	相容性	库珀和兹玛特（1990）；李煜华等（2012）
主体特性	动机与意愿	阿杰恩（Ajzen）（1991）；刘红丽等（2009）；郭永辉（2008）；王娟茹和杨瑾（2012）
	知识转移能力	马丁和萨洛蒙（2003）；王娟茹等（2009）；陈伟和付振通（2013）
	知识吸收能力	格兰特（1996）；吉拉德和奥姆兰（Girard and Omran）（2007）；吴和徐（Wu and Xu）（2006）；徐国东等（2011）
组织特性	信任	达文波特和普鲁扎克（2000）；德纳崴等（2004）；比盖特（2008）；简兆权等（2010）；周永红等（2011）；李显君等（2011）
	组织文化	戴维德和费伊（2000）；博克等（2005）；谢洪明（2006）；李志宏等（2010）
	预期收益	赫斯特德和麦克洛法（2002）；李和安（2005）；岳等（2007）
	激励机制	达文波特（1998）；沃尔特等（Walter et al.）（2007）；丛海涛等（2009）；张玲玲等（2009）；王娟茹等（2009）
	成员间的关系距离	蔡和戈沙尔（1998）；潘文安（2012）；陈伟等（2013）
	IT 技术水平	周和芬克（2003）；殷国鹏等（2009）；曾萍等（2011）

3.1.4　研究模型方法综述

（1）DEMATEL 方法概述

DEMATEL 法，即"决策试验与评价实验室法"，是通过对复杂情况下各个影响因素之间关系的梳理，通过专家打分等方法，构建影响因素之间的影响程度关系矩阵，并通过一系列的计算，分析出各个因素之间的相互关系，识别出其中的关键因素。DEMATEL 的主要计算过程如下：

①对影响因素进行选择。通过对所要研究问题的深入分析，获得所需要的信息，进而确定初步的影响因素，设为 c_1，c_2，$\cdots$，c_n。

②分析影响因素之间的关系。通过与领域内的专家进行广泛的交流与咨询，在达成一定共识的情况下，分析各个影响因素之间的关系，画出关系图，如果一个因素 c_i 对另一个因素 c_j 有直接影响，则可以从因素 c_i 画一个箭头指向因素 c_j。

③构建初始直接影响关系矩阵。使用矩阵化的方法，对各个影响因素之间的关系就行量化表示，假设 n 阶矩阵 $C = (c_{ij})_{n \times n}$，其中 c_{ij} 表示因素 c_i 对 c_j 的直接影响程度；取值范围为 0、1、2、3、4，分别表示影响程度为"没有影响""稍弱影响""弱度影响""强度影响""较强影响"；若 i = j，则 $c_{ij} = 0$。

④通过计算，求出规范化的直接影响关系矩阵。通过公式，计算出规范化的直接影响系数，可得到规范化的直接影响矩阵 $D = (d_{ij})_{n \times n}$：

$$d_{ij} = \frac{c_{ij}}{\max\limits_{1 \leqslant i \leqslant n} \sum\limits_{j=1}^{n} c_{ij}}, \quad (i, j = 1, 2, \cdots, n) \qquad (3-1)$$

⑤通过计算，得到综合影响关系矩阵。目的是进一步挖掘各个影响因素直接的直接或间接影响关系，通过公式，计算出综合影响关系矩阵 $F = (f_{ij})_{n \times n}$，

$$F = D(I - D)^{-1} \qquad (3-2)$$

⑥为单位矩阵。f_{ij} 表示因素 c_i 对因素 c_j 的直接与间接的影响程度。

⑦算出各个因素的影响度与被影响度。对综合影响关系矩阵中的元素，分别按行相加，就得到了各个因素的影响度，相应的对列相加，就得到了各个因素的被影响度。其所需的计算公式如下所示：

$$g_i = \sum_{j=1}^{n} f_{ij}, \quad (i = 1, 2, \cdots, n) \qquad (3-3)$$

$$h_i = \sum_{j=1}^{n} f_{ji}, \quad (i = 1, 2, \cdots, n) \qquad (3-4)$$

⑧分别计算各个因素的中心度以及原因度。单个因素的影响度与被影响度相加得到其中心度，表示的是这个因素在整个系统中起到的作用的大小。单个

因素的影响度与被影响度相减得到是其原因度,原因度大于 0 时,对于整个系统而言,该因素对其他的因素产生作用的,是原因性因素;反而言之,原因度小于 0 时,它就是结果性因素。中心度和原因度分别用 m_i 和 n_i 表示,其计算公式如下:

$$m_i = g_i + h_i, \quad (i = 1, 2, \cdots, n) \tag{3-5}$$

$$n_i = g_i - h_i, \quad (i = 1, 2, \cdots, n) \tag{3-6}$$

采用 DEMATEL 方法对产业集群成员知识整合的影响因素进行量化分析,不但可以通过综合影响矩阵,分析出各个影响因素之间的相互影响关系,还可以通过中心度与原因度的大小,来识别出原因类因素和结果类因素,最终帮助产业集群成员识别出协同研发的关键要素,采取有效的改善措施。

(2) 模糊集理论概述

本书采用模糊集理论并结合三角模糊数对专家群体的主观意见进行定量化处理,并使用阿珀科维克(Opricovic)和曾(Tzeng)[102] 提出来的 CFCS 方法(Converting Fuzzy data into Crisp Scores)将模糊数转化成准确值。假设 $z_{ij}^k = (l_{ij}, m_{ij}, r_{ij})$,其中 $1 \leqslant k \leqslant K$,表示第 k 个专家评定的 i 因素对 j 因素的影响程度,根据 CFCS 方法将三角模糊数转化为准确数值的相应步骤如下:

步骤 1:三角模糊数的标准化处理。为了降低专家间的主观差异性,将每位专家对因素之间影响程度打分的三角模糊数按照公式(3-7)、(3-8)、(3-9)进行标准化处理。

$$xl_{ij}^k = \frac{l_{ij}^k - \min_{1 \leqslant k \leqslant K} l_{ij}^k}{\Delta_{\min}^{\max}} \tag{3-7}$$

$$xm_{ij}^k = \frac{m_{ij}^k - \min_{1 \leqslant k \leqslant K} l_{ij}^k}{\Delta_{\min}^{\max}} \tag{3-8}$$

$$xr_{ij}^k = \frac{r_{ij}^k - \min_{1 \leqslant k \leqslant K} l_{ij}^k}{\Delta_{\min}^{\max}} \tag{3-9}$$

其中,$\Delta_{\min}^{\max} = \max_{1 \leqslant k \leqslant K} r_{ij}^k - \min_{1 \leqslant k \leqslant K} l_{ij}^k$。

步骤 2:计算左右标准值。标准化后的模糊数按照公式(3-10)、(3-11)转化为 xls_{ij}^k 和 xrs_{ij}^k。

$$xls_{ij}^k = \frac{xm_{ij}^k}{1 + xm_{ij}^k - xl_{ij}^k} \tag{3-10}$$

$$xrs_{ij}^k = \frac{xr_{ij}^k}{1 + xr_{ij}^k - xm_{ij}^k} \qquad (3-11)$$

步骤3：根据公式（3-12）计算总的标准化值。

$$x_{ij}^k = \frac{xls_{ij}^k(1 - xls_{ij}^k) + xrs_{ij}^k xrs_{ij}^k}{1 - xls_{ij}^k + xrs_{ij}^k} \qquad (3-12)$$

步骤4：根据公式（3-13）计算出第 k 个专家给出的 i 因素对 j 因素影响程度评分的准确数值。

$$w_{ij}^k = \min_{1 \le k \le K} l_{ij}^k + x_{ij}^k \Delta_{min}^{max} \qquad (3-13)$$

步骤5：根据公式（3-14）计算出拥有 K 个专家的专家组给出的 i 因素对 j 因素影响程度评分的准确数值。

$$w_{ij} = \frac{1}{K} \sum_{k=1}^{K} W_{ij}^k \qquad (3-14)$$

3.1.5 基于模糊集和 DEMATEL 方法的协同研发关键因素识别模型

运用模糊集理论和 DEMATEL 方法研究制造业集群企业协同研发影响因素间的相互关系并识别关键因素的主要计算过程如下[103]：

第一，问卷的设计和数据的收集。

根据王（Wang）和常（Chang）[104] 提出的语言变量与三元模糊数的转化方法来设计问卷，如表3-2所示。

表3-2 语言变量与模糊数的转化关系

语言变量（linguistic variable）	相对应的三元模糊数（TFN）
No 没有影响（No Influence）	(0, 0.1, 0.3)
VL 影响很小（Very Low Influence）	(0.1, 0.3, 0.5)
L 影响不大（Low Influence）	(0.3, 0.5, 0.7)
H 影响较大（High Influence）	(0.5, 0.7, 0.9)
VH 影响很大（Very High Influence）	(0.7, 0.9, 1.0)

本书采取问卷调查和专家访谈的方法来进行数据收集，调查的对象都是具有丰富的组织间合作研发经历、知识管理经验及产业集群领域的专家。所有的专家或者具有在产业集群成员中从事研发或知识管理工作 3 年以上经验，或者在知识管理相关领域具有 3 年以上的教学科研经验。通过深入的专家访谈，总共得到 15 份调查问卷，是专家对制造业集群企业协同研发关键因素及其相互影响关系观点的量化呈现。

单个专家对协同研发关键因素影响关系评价结果的语言变量见表 3－3。

表 3－3　　单个专家对协同研发关键因素影响关系评价结果的语言变量

影响因素	K_1	K_2	K_3	F_1	F_2	F_3	O_1	O_2	O_3	O_4	O_5	O_6
K_1	No	No	No	H	L	L	VL	No	H	No	No	No
K_2	VL	No	VH	VH	H	H	No	No	VH	No	L	No
K_3	VL	VH	No	VH	VH	VH	No	No	H	No	L	No
F_1	H	No	VL	No	L	H	No	No	H	No	No	No
F_2	L	No	H	H	No	VL	No	No	H	No	No	No
F_3	L	No	No	H	VL	No	No	No	VH	No	No	No
O_1	H	No	No	No	H	H	No	No	VH	H	VH	No
O_2	H	No	H	VH	No	No	L	No	L	H	VL	No
O_3	No	No	No	No	No	No	No	No	No	VH	No	No
O_4	No	No	No	No	No	No	L	H	VH	No	L	No
O_5	VH	VL	H	H	No	No	VH	L	H	H	No	No
O_6	H	No	No	L	H	No	VL	No	No	H	H	No

第二，对调研得到的专家语言变量进行去模糊化处理。根据表 3－2 中提供的语言变量与三元模糊数的转化关系，将每个专家的判断结果转化成模糊数。并根据公式（3－7）~公式（3－12），对每个专家评定的各个因素间的相互影响关系去模糊化处理，转化为准确数值。然后根据公式（3－13），得到专家组对各个因素见影响关系的准确判定值。即 DEMATEL 方法中的直接影响矩阵 C，如表 3－4 所示。

表 3 - 4   制造业集群企业协同研发影响因素的直接影响矩阵 C

影响因素	K₁	K₂	K₃	F₁	F₂	F₃	O₁	O₂	O₃	O₄	O₅	O₆
K₁	0.000	0.193	0.281	0.739	0.757	0.516	0.416	0.185	0.618	0.325	0.000	0.000
K₂	0.314	0.000	0.708	0.757	0.610	0.610	0.000	0.000	0.852	0.281	0.415	0.000
K₃	0.193	0.823	0.000	0.852	0.819	0.819	0.232	0.193	0.708	0.281	0.467	0.000
F₁	0.585	0.185	0.281	0.000	0.516	0.514	0.562	0.371	0.757	0.369	0.610	0.000
F₂	0.469	0.281	0.708	0.757	0.000	0.281	0.232	0.325	0.609	0.325	0.371	0.000
F₃	0.467	0.325	0.369	0.708	0.232	0.000	0.000	0.461	0.811	0.325	0.000	0.000
O₁	0.739	0.193	0.232	0.757	0.757	0.739	0.000	0.467	0.811	0.618	0.894	0.000
O₂	0.610	0.185	0.610	0.852	0.461	0.193	0.517	0.000	0.514	0.739	0.562	0.000
O₃	0.232	0.185	0.000	0.852	0.461	0.232	0.325	0.000	0.000	0.610	0.285	0.000
O₄	0.325	0.232	0.000	0.894	0.371	0.185	0.371	0.823	0.894	0.000	0.232	0.000
O₅	0.825	0.281	0.516	0.811	0.461	0.384	0.852	0.281	0.757	0.739	0.000	0.000
O₆	0.739	0.000	0.000	0.469	0.610	0.739	0.232	0.185	0.281	0.708	0.757	0.000

第三，根据公式（3-1），计算制造业集群企业协同研发影响因素的规范化直接影响矩阵，如表 3-5 所示。

表 3 - 5   制造业集群企业协同研发影响因素的规范化直接影响矩阵

影响因素	K₁	K₂	K₃	F₁	F₂	F₃	O₁	O₂	O₃	O₄	O₅	O₆
K₁	0.000	0.031	0.045	0.119	0.122	0.083	0.067	0.030	0.100	0.052	0.000	0.000
K₂	0.051	0.000	0.114	0.122	0.098	0.098	0.000	0.000	0.137	0.045	0.067	0.000
K₃	0.031	0.133	0.000	0.137	0.132	0.132	0.037	0.031	0.114	0.045	0.075	0.000
F₁	0.094	0.030	0.045	0.000	0.083	0.083	0.091	0.060	0.122	0.059	0.098	0.000
F₂	0.076	0.045	0.114	0.122	0.000	0.045	0.037	0.052	0.098	0.052	0.060	0.000
F₃	0.075	0.052	0.059	0.114	0.037	0.000	0.000	0.074	0.131	0.052	0.000	0.000
O₁	0.119	0.031	0.037	0.122	0.122	0.119	0.000	0.075	0.131	0.100	0.144	0.000
O₂	0.098	0.030	0.098	0.137	0.074	0.031	0.083	0.000	0.083	0.119	0.091	0.000
O₃	0.037	0.030	0.000	0.137	0.074	0.037	0.052	0.000	0.000	0.098	0.046	0.000
O₄	0.052	0.037	0.000	0.144	0.060	0.030	0.060	0.133	0.144	0.000	0.037	0.000
O₅	0.133	0.045	0.083	0.131	0.074	0.062	0.137	0.045	0.122	0.119	0.000	0.000
O₆	0.119	0.000	0.000	0.076	0.098	0.119	0.037	0.030	0.045	0.114	0.122	0.000

第四，根据公式（3 - 2），使用 Matlab 软件，计算制造业集群企业协同研发影响因素的综合影响矩阵 F，如表 3 - 6 所示。

表 3 - 6　　　　制造业集群企业协同研发影响因素的规范化直接影响矩阵

影响因素	K_1	K_2	K_3	F_1	F_2	F_3	O_1	O_2	O_3	O_4	O_5	O_6
K_1	0.167	0.130	0.165	0.379	0.300	0.231	0.192	0.144	0.344	0.211	0.141	0.000
K_2	0.230	0.117	0.241	0.413	0.299	0.264	0.146	0.124	0.405	0.221	0.211	0.000
K_3	0.252	0.257	0.169	0.482	0.367	0.326	0.205	0.177	0.440	0.256	0.249	0.000
F_1	0.292	0.148	0.189	0.330	0.305	0.262	0.247	0.194	0.414	0.257	0.255	0.000
F_2	0.255	0.158	0.241	0.413	0.213	0.218	0.185	0.173	0.370	0.230	0.210	0.000
F_3	0.216	0.139	0.163	0.349	0.206	0.137	0.121	0.168	0.344	0.196	0.124	0.000
O_1	0.372	0.181	0.224	0.531	0.399	0.342	0.210	0.248	0.507	0.348	0.338	0.000
O_2	0.319	0.165	0.253	0.492	0.327	0.241	0.263	0.158	0.419	0.331	0.273	0.000
O_3	0.177	0.108	0.100	0.346	0.222	0.161	0.162	0.102	0.211	0.225	0.159	0.000
O_4	0.237	0.139	0.135	0.428	0.262	0.193	0.209	0.247	0.404	0.186	0.192	0.000
O_5	0.372	0.191	0.253	0.524	0.354	0.291	0.325	0.216	0.488	0.353	0.206	0.000
O_6	0.316	0.114	0.144	0.391	0.310	0.289	0.197	0.172	0.341	0.302	0.268	0.000

第五，根据公式（3 - 3）、公式（3 - 4）分别计算综合影响矩阵 F 的行阵之和与列阵之和，可得各个因素的影响度（D）、被影响度（R）、中心度（D + R）和原因度（D - R），如表 3 - 7 所示。

表 3 - 7　　　制造业集群企业协同研发影响因素的 D、R、D + R、D - R 的求解值

影响因素	d	r	d + r	d - r
K_1	2.403	3.206	5.609	- 0.803
K_2	2.672	1.847	4.519	0.825
K_3	3.180	2.277	5.457	0.903
F_1	2.893	5.079	7.972	- 2.186
F_2	2.667	3.564	6.231	- 0.897
F_3	2.164	2.958	5.122	- 0.794

续表

影响因素	d	r	d + r	d - r
O_1	3. 702	2. 461	6. 163	1. 241
O_2	3. 240	2. 124	5. 364	1. 116
O_3	1. 973	4. 686	6. 659	− 2. 713
O_4	2. 632	3. 117	5. 749	− 0. 485
O_5	3. 574	2. 625	6. 199	0. 949
O_6	2. 845	0. 000	2. 845	2. 845

根据上面所列的数据，可以得到协同研发各个影响因素的因果关系图，如图 3 - 2 所示。

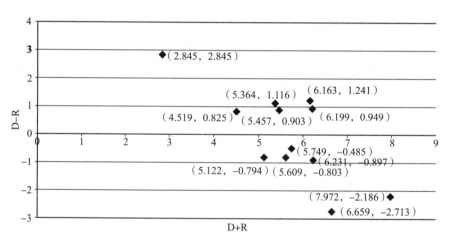

图 3 - 2　协同研发各个影响因素的因果关系

根据得到的制造业集群企业协同研发影响因素的影响度、被影响度、中心度和原因度的计算结果，结合影响因素的因果关系图，可以得到以下结论：

第一，知识的互补性（K_2）、知识的相容性（K_3）、信任（O_1）、组织文化（O_2）、成员间关系距离（O_5）、IT 技术水平（O_6），属于原因因素。其中信任和成员间的关系距离具有最大的影响度，分别为 3. 702 和 3. 574，说明信任程度的增加和关系距离的拉近，会对其他的协同研发影响因素产生更多积极的影响。IT 技术水平的影响度为 2. 845，处于较高水平，而被影响度为 0，可以看出，IT 技术水平不受其他因素的影响，随着 IT 技术水平的提高，能对企业间的协同研发起到稳步的提升效果。

第二，知识的交互性（K_1）、动机与意愿（F_1）、知识转移能力（F_2）、知识吸收能力（F_3）、预期收益（O_3）、激励机制（O_4），为结果因素，这些因素更容易受到其他因素的影响而改变。动机和意愿、预期收益的被影响度分别为 5.079 和 4.686，远远高于其他因素，意味着其他因素的改变会对协同研发过程中，企业进行合作的意愿和对收益的预期造成剧烈的改变。

第三，关键影响因素的识别。通过中心度的大小，可以看出动机与意愿、预期收益的中心度最高，分别为 7.972 和 6.659，在系统中发挥了重要的作用，而且它们的被影响度也分别排名第一位和第二位，说明与其他因素的关系密切，可以判定为关键因素。而信任和成员间关系距离，作为 12 个因素中影响度最高的两个，中心度也分别排名第三位和第四位，说明其不但对其他因素能产生巨大的影响，在整个系统中的也起到了关键的作用，同样可以判定为关键因素。组织文化的原因度排名第二位，影响度中排名第三位，而被影响度排名第九位，说明它对其他因素影响程度较高，但被影响度很低，可以认为是关键因素之一。

3.2　基于 BP 神经网络的制造业集群企业协同研发伙伴选择研究

3.2.1　制造业集群企业协同研发伙伴选择指标体系构建

集群企业协同研发伙伴选择决策是一种多属性目标决策问题，为了使共享伙伴的选择更加科学，在设计协同研发伙伴选择指标时应遵循科学性、合理性、可操作性和可区分性四个原则[105]。所谓科学性是指指标体系必须体现协同研发伙伴与其他合作伙伴的不同，是以知识的整合创新为目的的合作形式，它以双方互惠互利为主要特征；合理性指的是指标必须由伙伴的基本特征组成，不能脱离实际，提出不符合现实情况的要求；可区分性要求指标分别反映不同合作伙伴，在某一标准下不同的属性；可操作性要求指标体系在能对协同研发伙伴进行区分的前提下，简单明了，方便获取指标数据。

本书从知识整合角度分析了企业间协同研发的关键影响因素，结合集群企业自身的特点和指标体系的构建原则，选择知识特性、主体特性、组织特性三方面构建了制造业集群企业协同研发伙伴选择的指标体系，如图3－3所示。

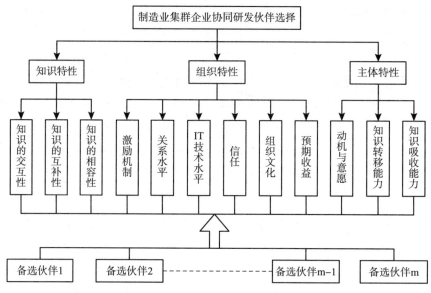

图3－3　制造业集群企业协同研发伙伴选择指标体系

3.2.2　制造业集群企业协同研发伙伴选择模型

（1）选择 BP 神经网络模型的合理性分析

合作伙伴的选择作为企业重要的战略决策之一，一直是学者们研究的重点。例如，陈（Chen）和黄（Hung）[106]构建了基于模糊综合评价的合作伙伴选择模型，并通过对药品行业中研发合作伙伴过程的研究，说明了具体的模型构建方法。而萨丽（Sari）等[107]在虚拟企业合作伙伴选择的研究中，引入了层次分析法模型（AHP），对备选的合作伙伴进行综合评价。这些方法各有其特点和优势，是近年来众多学者辛勤耕耘的结晶，但也存在一些不足：如权重的设计带有很大的模糊性，人为影响因素较大，在评价中存在着不同程度的信息失真；随着时间、空间的推移，各指标对问题的影响程度也可能发生变化，确定的初始权重不一定符合实际情况；有些方法的运算也往往过于繁杂，无法进行大规模的评价，即使花费大量的人力精力，运算结果也难以令人满意（张文勤和石金涛，2009）。

而 BP 神经网络是一种多层前馈神经网络（multilayer feedforward neural network），该网络的主要特点是信号前向传递，误差反向传播，其拓扑结构为分层前向网络，由输入层、隐含层和输出层组成。人工神经网络在使用过程中，大多采用的都是 BP 神经网络，它作为是前馈型神经网络的杰出代表，充分体现了人工神经网络模型的核心理念。其属于隐式数学处理方法，无须建立数学模型，只需将处理过的数据输入训练好的网络中，通过相应的数学工具即可得出结果，评价过程更为方便、快捷；同时，神经网络具有高度并行性、高度非线性和鲁棒性、记忆推理、对任意函数的任意精度逼近能力等特点，能够实现自组织、自学习、自适应等功能，适用于信息不完全的复杂多属性综合评价问题。BP 神经网络在智能控制、模式识别、综合评价等领域中已经得到了广泛的应用[108]。而制造业集群企业协同研发的伙伴选择即是一个信息不完全的复杂多属性综合评价问题，适合于运用 BP 神经网络模型对其进行研究。

（2）基于 BP 神经网络的制造业集群企业协同研发伙伴选择模型构建

本书基于 BP 神经网络模型对制造业集群企业协同研发伙伴进行选择，本质是一个综合评价问题，BP 神经网络模型在评价过程中的准确性，往往取决于要解决的问题本身的复杂程度、网络的结构和样本的数量三个主要因素[109]。因此，在对制造业集群企业协同研发伙伴选择的 BP 神经网络模型的设计中，对网络层数、各层节点数、网络学习速率、期望误差、输入数据预处理方式以及网络的训练模式的方面进行充分的考虑。

具体操作程序如下：

①确定网络层数。BP 神经网络模型的结构，往往由一个输入层、一个或多个隐含层、一个输出层组成，虽然 BP 网络可以包含隐含层的数目不定，但理论上已经充分证明，在不限制隐层节点数的情况下，两层的 BP 神经网络模型即可以实现任意的非线性映射。所以，本书在协同伙伴选择模型中也选择了两层（只有一个隐含层）的 BP 神经网络结构。

②确定各层的节点数。输入层往往起到的是缓冲储存器的作用，它接收外部的输入数据，因此，其节点数取决于输入变量的维数，本书中构建的集

群企业协同研发伙伴选择的指标体系有 12 个三级指标，所以，输入层节点数定为 12。

输出层的节点数意味着输出结果的维度，本模型的输出结果只有一个，即集群企业协同研发合作伙伴的综合评价结果，所以输出层的节点数为 1。

对隐层节点数的确定，现在常见的经验公式为：$n = \sqrt{n_i + n_o} + a$，其中，n 为隐层节点数，n_i 为输入层节点数，n_o 为输出层节点数，a 为 1~10 之间的常数。本书将隐层节点数定为 5。本书基本的 BP 神经网络结构如图 3-4 所示。

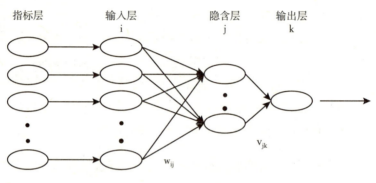

图 3-4　BP 神经网络模型结构

③BP 神经网络模型的训练。通过向相关领域的专家学者、企业管理人员、科研技术人员等共发放并收回问卷 27 份，对收集到的问卷数据进行归一化处理以后，将前 22 份问卷的数据利用 MATLAB 软件里的 BP 神经网络工具箱进行训练，进行 10000 次训练后看是否达到目标误差范围内，训练结束后，利用训练好的网络对剩余 5 份问卷的数据作为测试样本进行检验，得到相应的知识共享伙伴的综合评价结果，测试结果相对误差如果在 5% 以内，则表面该网络有一定的可靠性。利用训练好的知识共享伙伴选择网络模型，输入待评价样本，就可自动给出知识共享伙伴的综合评价结果。

使用的具体代码如下：

$[Pn, minp, maxp, Tn, mint, maxt] = premnmx(P, T)$; % 对原始数据进行归一化处理

$net = newff(minmax(Pn), [5,1], \{'tansig', 'purelin'\}, 'traingd')$; % 创建 BP 神

经网络

　net. trainParam. lr = 0. 2 ;% 设定 BP 神经网络的学习率

　net. trainParam. epochs = 10000 ;% 设定 BP 神经网络的最大训练次数

　net. trainParam. goal = 0. 001 ;% 网络训练要求精度

　[net,tr] = train(net,Pn,Tn) ;% 训练神经网络

　由图 3 - 5 可知，经过 1439 次训练后，网络的训练误差便达到了 0.001。此时，即初步构建了制造业集群企业协同研发伙伴选择模型。

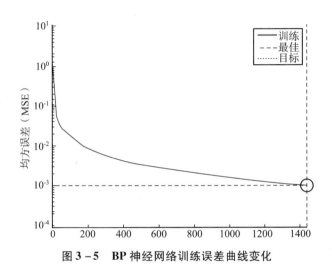

图 3 - 5　BP 神经网络训练误差曲线变化

3.2.3　实证分析

　　本书以山东潍坊重型装备制造业产业集群的核心企业福田雷沃重工及其合作企业为研究样本，运用上面设计的知识共享伙伴选择指标体系和 BP 神经网络模型，对福田雷沃重工的知识共享伙伴进行评价，以便选择适合的合作伙伴。使用的数据由熟悉企业情况的管理者、技术人员和专家给出，具体数据如表 3 - 8 所示。

　　对原始数据进行归一化处理后，代入网络模型 T = sim（net，P），可以得到 5 个知识共享备选伙伴的综合评价得分分别为 0. 0076、0. 9973、0. 9183、0. 3482、0. 1717。其中 B 企业得分最高，表明在 5 家备选企业中，其为福田雷沃重工的最佳协同研发伙伴，这与实际情况相符。

表3-8   5 个备选协同研发伙伴企业的指标数据

企业编号	A	B	C	D	E
	1	10	8	6	3
	10	2	5	7	9
	4	5	5	6	3
	4	6	5	3	1
	2	1	5	6	8
协同研发伙伴选择的各指标数据	1	8	6	5	3
	0	6	4	2	0
	1	8	6	3	1
	0	6	8	4	1
	2	8	5	2	0
	2	4	3	4	3
	1	10	7	3	2
综合评价	0.0076	0.9973	0.9183	0.3482	0.1717
排名	5	1	2	3	4

B 企业是中国最大的汽车零部件生产的集团企业，公司的三大主营产品板块（动力总成、商用车、汽车零部件），在国内相关市场上占据了优势份额。B 企业拥有现代化的"国家级企业技术中心"及国内一流水平的产品实验中心，设有"博士后工作站"，在美国、欧洲，以及中国潍坊、上海、重庆、杭州、扬州、西安等地建立了研发中心，获得产品和技术授权专利近 600 项，主持和参与行业和国家标准制定 40 余项。而福田雷沃重工作为大型产业装备制造行业中的领头羊，与 B 企业强强联合，进行知识共享、形成良好的技术协同创新机制，可以预期必能获得巨大的经济收益。两家企业都是以"成为全球领先的装备制造企业"为愿景，以"创新、热情、责任"为核心价值观，两者的企业文化非常相似，这为企业之间开展合作、进行知识共享、技术创新创造了良好的条件。在技术互补性方面，福田雷沃重工是一家以工程机械、农业装备为主体业务的大型产业装备制造企业，在整机匹配、电液控制、压实机械、远程控制等技术领域达到了国家先进水平；而 B 企业的主要业务领域是在动力总成、商用车、汽车零部件等方面，其发动机、变速器、车桥等生产技术处于

国内领先水平和行业主导地位。可以看出，两家企业的技术领域有很强的互补性，有利于实现有效的交互学习、良好的知识交叉融合与技术的创新，且在短期内不会形成激烈竞争，满足企业知识共享伙伴选择的要求。

3.3　本 章 小 结

随着新技术的迅猛发展，以及客户个性化、多样化需求程度的不断提高，使制造业企业在产品研发过程中面临着不确定因素多、涉及的知识技术领域广、项目周期长、成本高、开发难度大等诸多挑战。为了降低成本、规避风险、加快研发效率，制造业企业选择协同研发伙伴已经成了必然选择。在产业集群中，由于企业地理位置靠近，所在的行业领域高度相关，为企业进行协同研发提供了大量的备选伙伴。而选择正确的伙伴成为协同研发动态联盟成功与否的关键。本书从知识整合的视角出发，构建了制造业企业协同研发伙伴选择的指标体系，并建立了伙伴选择模型。本书主要有以下几点研究成果：

①从产业集群的内涵、形成机制及研究趋势等几个方面对产业集群理论进行了系统的梳理，对协同研发的合作动机、技术溢出对协同研发的促进作用进行了分析，在此基础上，针对制造业集群企业协同研发的流程进行具体剖析，指出企业间协同研发的过程就是知识整合的过程。

②结合国内外研究现状，从知识整合的视角出发，分析了企业间协同研发的影响因素。并通过 fuzzy – DEMATEL 方法，对影响因素之间的关系进行了动态分析，找到各个因素之间的相互影响关系，并对影响协同研发效率的关键性因素进行识别。

③在筛选出关键性影响因素的基础上，构建了制造业集群企业协同研发伙伴选择的指标体系，并运用 BP 神经网络建立了伙伴选择模型。通过对山东潍坊重型机械制造业集群的实证分析，证实了该模型的可行性和实用性。

总之，本书提出的理论和方法对帮助制造业集群企业选择合适的协同研发伙伴具有一定的理论和现实意义。但是，由于协同研发伙伴的选择问题是一个十分复杂的课题，加之笔者精力、水平有限，本书虽然在这方面进行了一些探索，但还存在以下不足之处，有待于进一步的探讨和改进：

①本书的研究主要针对企业与企业之前的协同研发问题，没有涉及到企业

与高校、与研究机构间的协同合作。而高校与研究机构的科研优势，在对企业的科技进步中能起到相当重要的作用，企业也可以帮助高校、研究机构更快的实现成果转化。因此以后的工作可以针对企业—高校—研究结构三者之间的协同创新机制进行研究。

②本书的研究内容主要是制造业集群企业协同研发伙伴的选择，属于建立协同研发联盟的前期工作，以后的研究可以在此基础上，对研发联盟企业间的合作关系、研发战略决策、利益分配和合作保障机制等方面进行研究。

第4章

知识协同网络构建之合作模式选择

本章在上一章知识协同网络构建之伙伴选择的基础上进行延伸，将研究的视角伸向企业之间的合作模式上。由于企业进行研发需要大量的人力、物力、资金和技术的投入，考虑到成本收益的问题，企业会在集群内部或外部选择合适的伙伴建立研发合作机制共同进行技术创新。合作研发成为制造业企业降低研发成本，提高创新成功率的重要选择模式。企业双方在合作过程中，通过知识协同转移增强其知识存量，把获得外部知识和自有知识进行整合，形成新的知识，最终提升创新能力。能否有效进行知识转移是确保企业合作创新的关键因素，同时也决定着合作关系稳定性。

合作研发可以使合作双方共享研究信息和技术，提高研发效率，消除重复研发投资，承担单个企业无力承担的研发项目，实现利润最大化。因此，企业间会通过技术转让、股权收购、网络生产、设计生产、建立虚拟公司等方式进行研发合作。在进行合作前，企业如何根据自身实际情况选择研发合作模式，实现利润最大化，成为本章的研究重点。

引 子

当今社会，制造业企业处于剧烈变动的市场竞争环境中，技术的蓬勃发展使得产品更新换代速度加快。仅仅依靠低成本的盈利模式已不适合现今企业，自主研发新产品、进行技术创新成为企业实现盈利、提高竞争力的关键。但在产品研发过程中，企业涉及的知识技术领域广、研究开发项目周期长、成本高、难度大，为了降低成本、规避风险、加快研发效率，企业间建立合作关系，共同进行研发。制造业产业集群在很大程度上降低企业间的地理距离，企业间合作加强，但部分合作未能达到预期目标，有些甚至中途瓦解，究其原因，未能选择合适的合作研发模式是造成该结果的重要原因。

针对合作研发模式，学者做了大量研究，如 S. 内加西（S. Negassi）对法国的企业进行研究分析发现合作研发的深入程度、市场的规模是影响法国企业成功的主要因素[110]；陈畴镛、朱国平将吸收能力作为一个影响因子，构建了基于吸收能力的研发合作两阶段博弈模型，对企业研发合作模式选择进行了分析[111]；方海燕在构建具有研发过程的 AJ 模型的基础上，从产品价格、企业规模、企业利润等角度出发，研究了不同研发策略下企业战略联盟形式的选择[112]；艾凤义、韩伯棠等提出混合知识溢出的概念，以 AJ 模型为基础，采用博弈论方法提出了 3 个阶段的研究模型，对双寡头在生产市场上竞争而在研发活动中选择合作或不合作的行为进行分析[113]。综合学者们观点，目前对合作研发模式的分类还没有达成共识，以 AJ 模型来分析企业合作研发模式是主体方向，但是大多数学者缺乏从知识影响因素角度来探讨企业合作研发模式。

因此本书构建基于博弈的企业合作研发选择模型时加入了知识影响因素这个参数，对 AJ 模型下企业的合作研发模式进行分析。并结合 AHP 法（层次分析法）和 FAHP（模糊综合评价法），对影响企业合作研发的知识因素进行评价。最后以山东省某重型机械制造业产业集群为例，进行了实证分析，并进行研发收益率比较，证明该模型的有效性和可操作性。

4.1　制造业产业集群企业合作研发模式分析

产业集群作为企业联合的新途径，使得一定区域内的企业通过联合聚集，形成整体优势。集群内的企业由于地理距离被打破，企业间的信息传递速度加快，信息获取成本降低，新知识的运用效率得到提升。

4.1.1　制造业产业集群企业合作研发发展演化

产业集群概念是由迈克. 波特首次在《国家竞争优势》提出的，他认为产业集群是因为外部规模经济所致的，它的出现对企业竞争是高度重要的，集群内的企业可以更好地接近劳动者和公共物品以及相关机构的服务，利于企业产品创新及出口[114]。当集中在特定区域的产业发展到一定程度时，随着产业的不断发展，大量的具有技术能力的工人集聚在此，先进的附属产业或产业专门化的服务性行业因此也大量涌现。这些相关组织的出现带动了铁路交通的改进和其他基础设施的建设，拉动了整个地区的发展，从而产生地方性的集聚效应，带来显著的大规模生产经济优势。

我国产业集群分布广泛，从东部沿海到西部地区分布着 500 多个纺织业、专业设备、通用设备等产业集群，其中 90% 以上为制造业产业集群。这些制造业产业集群中有已具备完整产业链的超大型产业集群，例如辽宁装备制造业产业集群、上海汽车产业集群等和处于发展期的小型产业集群，例如温州产业群。处于发展期的制造业产业集群以中小企业居多，多为生产同类差异性较少的产品。企业的差异性仅仅存在于技术方面，很容易通过模仿和集成创新生产出新的产品。企业间呈现水平分工关系，竞争激烈。整个产业集群缺乏大型企业，未形成产业配套关系。随着技术的提高，企业间竞争演化加剧，集群将发生内部劳动分工的变迁，部分工作流程将外包给其他区域，进行前向和后向工序的整合，集群内将出现超大型企业，产业链逐步完备。集群开始以分工为主导，企业间有比较明确的专业生产分工，直接配套企业和二级以下配套企业按照核心企业的要求，为其加工、制造某种产品的零部件和配件，具有明显的等级制度。

产业集群形成初期，企业虽然生产的产品相似，但各个企业均有优势产品和独特的技术专长，存在技术互补，有优势互补的可能性和内在动力。随着产业集群的逐步成熟，企业间呈现上下游的关系。处于上下游关系的企业进行分工合作，核心制造业企业、直接配套企业、二级以下配套企业以及服务企业通过产业链和价值链形成密切的上下游链接关系，其中核心制造企业规模优势明显，作为总装企业拥有更高素质的人力、更先进的技术、更发达的信息网络和更富裕的资金来源，处于主导地位[115]。配套企业想要从核心制造业企业获取一定的技术指导和支持，并及时获取市场信息，必须与核心制造业企业建立合作关系。不论是产业集群的初期还是成熟期，企业与企业间都存在合作的可能，例如配套企业与核心制造业企业合作，类似企业相互合作建立联盟。这是因为对于企业而言，在企业参与的所有价值活动中，只有某些特定的活动真正创造价值，这些特定的活动即为企业的"战略环节"。企业想要最大限度地扩大自己的竞争实力，就应把力量集中于企业的价值链的"战略环节"，而把"非战略环节"转交给专业的公司。核心环节来自企业的核心技术，是企业自身技术的突破。企业将非核心技术的研发委托给其他企业或者高校、研究机构等，使得企业更多地对核心技术进行自主研发。但由于知识产权的排他性，晚于注册企业的研发技术是不受法律保护的，因此企业的研发需要重视时效性。自主研发虽然能使企业获得超额垄断利润，但是自主研发投资成本大、回收时间长、风险难以预估并对研发人员有一定的素质要求，仅仅采取该模式进行研发显然是不可取的。企业开始与高校、研究机构或其他企业进行合作，共同研发。企业合作研发降低研发周期、提高研发效率、分散投资风险，通过"优势互补"降低研发失败的可能性。因此，合作研发成为企业技术研发的重要选择之一。

4.1.2　制造业产业集群企业合作研发模式分类

合作研发不同于委托研发，它是双方共同投入人力、物力进行某项技术的研发，知识在合作的过程中起到非常重要的作用。因此，本书特对制造业产业集群企业间的合作研发进行分析，按照合作方在产业链上所处的位置，将制造业产业集群企业的合作研发模式分为两类：横向合作研发模式与纵向合作研发模式。

横向合作研发模式是指生产同类型产品企业间的合作研发。虽双方互为竞争者，但是双方具备同类似的知识，具有合作的可能性。维加奥（Wiethau）在对横向研发合作的企业进行研究中，发现同一行业的企业由于具有相同的技术路径可降低技术的专用性、促进企业间的知识流动、提高企业和行业的利润[116]。袁峰对同一行业产品差异化的企业进行 R&D（研究与开发）合作绩效时发现，R&D 合资比 R&D 竞争和 R&D 卡特尔更能推动产品成本的降低和企业利润的提供[117]。企业间竞争意识较强，但随着政府大力加强公共机构的投入，以及相关知识产权的保护，企业间的横向研发合作开始加强。企业间信任度提升，逐渐选择横向间的研发合作来解决行业间的技术难题，双方在合作过程中共享信息，进行研发合作。

纵向合作研发模式是指企业与位于生产价值链上游或者下游的企业进行的

合作研发，即企业与供应商或者与用户的合作研发。制造业产业集群，配套企业与核心制造业企业合作进行研发，可以在技术研发的早期就获得了相关技术信息，提高市场的灵敏度。同时大型制造业企业为了保证其产品的质量和竞争力，也会向中小企业提供必要的技术援助，这缩短了中小企业的技术研发周期，提高了其创新绩效。当技术革新致使某一垄断市场行业标准发生变化，消费者需求发生转变。为了防止生产价值链的上游企业生产的产品不被用户接受或者价值链下游的企业生产的零件不被大型企业需要，从而无法顺利且迅速地完成产品的更新换代致使竞争对手赶超的情况发生，产业链上的企业会进行联合研发，根据技术优势对子项目进行研究创新，最终将研究成果分析集成。

在确定横向合作研发模式还是纵向合作研发模式后，要对合作研发模式的组织形式加以确定。根据研发活动的一体化程度，合作研发组织可划分为：股权合作研发组织和非股权非委托型合作研发组织。股权合作研发组织是指由合作双方共同出资建立一个非实体性研发组织，该组织可以是一个企业，也可能是一个联合实验室，合作双方在该组织中共同进行项目研发。合作研发联盟企业共同参与研发项目的投入决策，协调研发行为，共同承担研发项目，并共享研发成果。属非股权非委托型研发合作组织有多种，例如研发联盟、研发协会、研发卡特尔等[118]。

4.1.3　制造业产业集群企业合作研发模式选择

在对研发合作模式选择的研究中，学者主要关注合作研发组织模式具体形式的选择。外国学者拉法埃拉·卡利亚诺（Raffaella Cagliano）等认为，企业在选择合作研发模式时，首先需对组建的研发合作组织的特征进行分析，如组织的管控体制、沟通方式、组织柔性化等，并确定合作持续时间、成本和正式化程序；然后与潜在合作伙伴就组织进行谈判，并将企业的需求与所谈判的组织形式的具体特征进行比较；最终从中选择最适合本企业的研发合作组织模式[119]。伊内斯·马切奥－斯特德勒和戴维德·佩雷斯－卡斯特里尔（Ines Macho－Stadler & David Perez－Castrill）认为，合作模式的选择应充分考虑成员企业与合作组织间的信息对称性，激励契约能够诱导合作双方公开真实信息，并积极地促成研发合作的形成，如果合作企业愿意分享各自的专有技术和知识，则研发合资企业的组织模式会优于交叉许可协议，反之则交叉许可协议更优[120]。因为研发成果的难以测量和技术创新的不确定，合作双方会有意或者无意地对自有核心知识进行保护，双方要想合作成功必须根据企业的分享意愿决定合作方式。当合作组织中的成员企业能自觉避免机会主义行为时，合资企业优于交叉许可协议，因为合资企业更能够激励合作企业进行研发努力，产生更高的协同效应；反之，当企业不能够抑制机会主义时，交叉许可协议更加有效[121]。贝内迪克特·兰纳和维克托·P·塞德尔（Benedikt Langner & Victor P. Seidel）通过对比股权式和非股权式两种研发合作组织模式的研发效果，发现下游市场的商业特征决定了企业研发合作的组织模式选择，当企业以新技术为手段与下游市场的竞争者竞争时，往往会选择合资企业的合作模式，来激励合作双方开发风险性比较大的技术研发项目[122]。

近年来，我国学者也对研发合作组织模式选择的问题进行了探讨。司春林等结合供应链上下游大型企业的特点，分析了上下游合作研发的原因，并在对三种合作研发组织类型（股权型、对外委托型和非股权非委托型）的对比分析的基础上，提出基于参与程度的上、下游企业合作研发联盟组织模式选择模型，并讨论了不同研发组织模式的特点，指出建立合资研究组织具有实现企业双向锁定、同步研发、提高响应速度以及技术战略，并结合宝钢—上海大众激光拼焊案例，探讨了建立股权制合作研发对上下游企业的影响和供应链创新的意义[123]。许春和刘奕认为知识因素对企业间研发合作组织模式的选择起着重要作用，恰当的组织安排可以降低研发合作的交易成本，减小交易中的道德风险并遏制机会主义行为，并从知识四个方面的特性论述了知识与企业间研发合作的两种类型之间的匹配关系：当研发合作的知识具有可编码性、互补性、范围较窄情况下，研发合作组织倾向于采用契约式形式；当研发合作的知识具有不可编码性、协同性、范围/0－较宽情况下，研发合作的组织倾向于采用股权式形式[124]。任浩和郝斌基于对国内外非契约机制相关研究文献的梳理，进行了非契约机制的系统性设计，认为非契约机制的构成要素包括目标、声誉、信任、结构以及文化五个方面，其中目标和声誉两个子系统属于企业自身的非契约系统，而信任、结构、文化等子系统属于企业间的非契约系统，这些非契约子系统之间不断发生非线性作用、相互影响，并成为非契约机制要素形成的基础，对企业间的研发合作发挥重要作用[125]。洪勇从要素创新的角度研究企业创新协同模式，在回顾已有相关研究的基础上，全面探究企业创新系统中各要素创新的协同模式，并对三个企业创新案例进行分析，提出了单核主导式创新

协同、多核主导式创新协同、全要素共同主导式创新协同这三种企业要素创新
协同的基本模式，并从创新子系统主导特性、创新子系统间关系特性和创新绩
效传导特性三个方面进行了阐释[126]。

4.1.4　制造业产业集群企业合作研发影响因素分析

影响合作研发的因素有很多，表 4-1 是近年来有关合作研发影响因素的
研究综述。按企业特征、产业特征及知识因素可将影响企业合作研发的因素分
为三大类。企业特征即为企业所处的生命周期阶段，包括企业市场竞争能力、
企业规模、企业风险资金状况等。产业特征即为企业所处外部产业环境，包括
行业技术和产业层面的知识产权保护等。知识因素即为影响企业的知识能力，
包括企业的知识存量、技术人才、知识存量和研发能力等。

表 4-1　　　　　　　　　　企业合作研发影响因素的研究综述

文献	样本企业	合作伙伴类型	主要因素
桑切斯－冈萨雷斯（Sanchez－Gonzalez）（2009）[127]	1533 家西班牙制造企业	客户企业	粘性知识、市场中的异质性需求
洛佩斯（Lopez）（2008）[128]	6026 家西班牙企业	各类企业	技术溢出、企业规模、风险分担、互补性
科伦坡（Colombo）（2006）[129]	522 家意大利新建企业	各类企业	发起人特征、风险资金、企业规模
贝尔德伯斯（Belderbos）（2004）[130]	2194 家荷兰企业	竞争者、客户、供应商、大学/科研机构	技术溢出、研发强度、企业规模
马丁和萨科沃德（Miotti & Sachwald）（2003）[131]	2378 家法国企业	供应商/客户企业、竞争者、高校/研发机构	企业特征（规模、R&D 投入、补贴）、产业技术特征、创新障碍以及公共机构
卡西曼和维格拉斯（Cassiman & Veugelers）（2002）[132]	411 家比利时企业	客户/供应商、大学	企业规模、技术溢出、产业特征
特瑟（Tether）（2002）[133]	1275 家英国企业	竞争者、客户、供应商、大学	企业规模、研发能力、产业特征
凯泽（Kaiser）（2002）[134]	1233 家德国服务企业	客户、竞争者	水平溢出、垂直溢出

文献	样本企业	合作伙伴类型	主要因素
巴约纳（Bayona）（2001）[135]	1652 家西班牙	各类企业	企业规模、研发能力、产业技术特征
杨梅英，王芳等（2009）[136]	38 家北京市高新技术企业	各类企业	企业规模、研发投入、知识吸收能力、信息获取能力、市场竞争程度
张荣佳，原毅军等（2012）[137]	226 家中国企业	各类企业	企业规模、研发投入、输入溢出、输出溢出、产业层面的知识产权保护、技术人才、技术能力、互补性

企业特征、产业特征、知识因素影响着企业的合作研发模式选择，但影响阶段影响程度略有不同。企业在进行合作研发模式选择前根据企业特征和产业特征对合作伙伴进行初步筛选，合作研发模式选择是在此基础上再确定过程。对于企业而言，合作研发的主要动机就是在于获取合作伙伴的互补知识，实现技术创新。部分企业认为伙伴的技术研发、融资能力越强，就越应与其合作，却未考虑到研发合作主要以共享、运用隐性知识为主，知识的吸收、运用要求接收方必须具备一定的学习能力，才能有效吸纳新知识。双方企业如果知识管理能力差距过大，会最终导致合作失败。知识因素在合作研发模式的再确定过程起着决定性作用。

本书在企业考虑产业特征、企业特征确定合作伙伴后对合作研发模式选择这一过程进行，由于该过程主要是合作过程，双方已形成联盟，合作研发模式的确定将主要由双方的知识能力决定，因此，本书将对知识因素影响合作研发的过程进行重点分析。

4.1.5　影响合作研发的知识因素分析

企业合作研发实际上就是知识的外化、转移、内化、整合的过程，是知识在知识输出方（知识源）和知识接受方的动态传递过程。知识是人类对客观事物的认识，根植于人类的思想中，具有稀缺性。本书从知识特性、知识互补、知识转移、知识吸收、知识冲突、交互意愿等方面对影响合作研发的知识因素进行分析。

（1）知识特性

知识分为隐性知识和显性知识[52]。显性知识易于编码，可直接用文字或数据表述。这类知识可传播，易于学习。而蕴涵在个人或组织活动中的，无法用文本直接描述的知识为隐性知识。隐性知识嵌入在组织环境里，具有很强的黏性。但通过参与组织，共同工作，隐性知识是可以在日常事务中学习到。传统的师傅带徒弟就是一种隐性知识学习的方法。不论是显性知识还是隐性知识，由于受到理解和记忆力的限制，人类个体是无法完全掌握的，在学习的过程中会不自觉地学习某部分的知识，进行分工，从而衍变为不同的职业划分，例如医生、车修人员、编程人员等。但在获取不同知识片段的人群里肯定存在着基本的、共享的认知和价值观以便群体内的成员能够充分聚集他们的动机和能力，获取外部的知识。Weick 认为这些基本的、共享的认知和价值观即为群体内成员共有的翻译系统（interpretation system），它是个体认知的聚焦装置，使得个体交流成为可能，从而实现跨界的交互。

（2）知识互补

对于知识互补，国内学者汪丁丁从时间和空间角度分析，认为知识互补是同一类型知识不同知识片段沿时间的互补性，和不同类知识沿空间上的互补性[138]。同一类型的知识片段间存在互补性，使得个体愿意承担风险去体验其个体经验之外的新事物，从而获得"1＋1＞2"的利益回报[139]。而能够使不同技术特点的企业实现技术方面的分享，是因此存在着基础性技术知识。徐小三和赵顺龙把人员对于惯例和技术的一般的理解定义其为基础性技术知识，认为它是大家交流技术知识的基本语言[140]。由于不同的企业在生产过程中对知识有不同认识、积累，造成同一产业内不同企业之间生产效率的差异性，形成了不同的竞争力。这种局部的点的、具体的知识，以及特定的环境、过程和方式的差异导致不同的知识传统，催生了知识异质性[141]。知识异质也即企业的核心知识，使得企业区别于其他同类型企业。对于合作双方，虽然差异创造了更广泛的认知资源，但因此也会造成信息交流的鸿沟，影响相互间的交流。因此，并不是合作双方的知识差异越大越好。

（3）知识转移

知识转移是有目的的活动，是在知识传递双方都有意识的情况下发生的。知识转移的思想可以起源于蒂斯（Teece）首次提出的技术的国际转移。随后野中郁次郎（Nonaka）提出了著名的 SECI 模型是最具代表性的。他把知识转移过程划分为社会化，外部化，组合，内部化四种模型过程[142]。隐性与显性知识源源不断的持续四种模式的交互运作，形成螺旋式结构。两种知识不断进行转化与重组，最终创造出新的知识。知识转移方通过一定的方式解释说明知识，并确保知识能有效传递给知识接收方的能力，实现知识转移。马丁和萨洛蒙（Martin & Salomon）定义其为"是一个公司可以表述清楚如何运用它自身的知识，评估潜在知识接收者的需求和能力，并把知识传递并运用到另一个地方的能力"[143]。知识传送能力是组织间学习透明度的限制性因素，企业的知识传送能力越强，就越能更好地在企业间进行知识传输[144]。

（4）知识整合

知识接收方在获得新知识后，需要通过规划、整理、融合、重构等整合活动后才能形成企业特有的知识。这种将不同来源、载体、内容和形态的知识，通过新的排列组合、交叉和创造，从而实现知识应用的过程称为知识整合[145]。知识整合能力是知识的再创造，有着重要作用。皮萨诺（Pisano）指出企业对信息资源或关键技术具有较强的搜索、识别、筛选、匹配能力，能有效的进行知识整合，可以极大地提高其价值化效率[146]。接受方的知识整合能力受吸收能力的影响。吸收能力是指知识接受体学习并理解所转移的知识，对转移的知识进行整合并转换成为组织日常运作规范或习惯的能力[147]，包括识别、吸收和利用知识三个维度。这种能力在很大程度上取决于接受方的知识存量[148]。知识存量的广度决定了企业知识的识别能力，知识存量的深度决定了企业吸收能力的速率。

（5）知识冲突

由于知识异质造成合作双方的知识结构、知识存量有所不同，再加上双方的知识转移动机和利益需求的矛盾，合作企业在进行知识转移过程，会发生对抗行为，从而导致冲突的发生。这种基于知识异质性而触发的冲突，即为知识冲突[149]。知识冲突的产生是合作双方在合过程中产生的意见分歧。张刚和倪旭东以知识类型和层次这两个维度为视角对知识冲突进行划分，将知识冲突划分为水平异性冲突、水平同型冲突、垂直异型冲突和垂直同型这四个冲突[150]。Tan 基于知识冲突的性质和结果，将知识冲突分为良性冲突和恶性冲突[151]。良性冲突能引发群体思维，促进员工对集体决策的接受度和集体满意度，有利于新观点的产生[152]。但只有当表层差异和深层差异相一致时，才会刺激良性的知识冲突[153]。当知识冲突造成恶性冲突时，联盟将会瓦解。

（6）交互意愿

知识传递方是知识势位高的一方，拥有着对合作双方都有价值的特殊知识能力，在与知识接收方的关系中处于绝对优势。如果转移的知识是传递者的核心知识，那么某种程度上知识的外溢可能会造成独享知识的丧失，竞争优势将受到威胁。因此，传递者倾向于实行"信息垄断"，将知识予以保护不与合作成员分享。传递过程造成的时间、人力、资金等成本也使得传递方对知识转移的行为存在排斥的可能。这将不利于知识转移。王毅、吴贵生指出知识源转移意向的强弱直接关系到转移的知识的数量和质量，知识源的转移意向越弱，越不愿意进行知识转移[154]。对于知识接收方而言，知识吸收、整合、内化需要大量的人力、物力和时间投入，也会成为知识接收方的成本。知识接收方在向知识传递方获取知识的过程中存在暴露自身知识缺陷的危险，因此，知识接受方在知识转移过程中也会面临着意愿问题。虽然转移意愿和吸收意愿都不是知识转移发生的必要条件，但是缺乏交互意愿将导致双方行动缓慢，敷衍了事，被动应付，影响着知识转移的效率。

4.2　知识因素对产业集群企业合作研发的影响及评价

企业在进行研发合作模式的选择过程是一个结合企业实际情况与外部技术环境相协调的过程。企业在完成自身知识存量的衡量和发展需求后，确定所需资源，然后根据对方知识存量识别出满足自身需求的知识源，并对其进行分析，预测其合作成本及结果预估，并最终确定合作模式和具体组织形式。其影响过程如图 4 – 1。

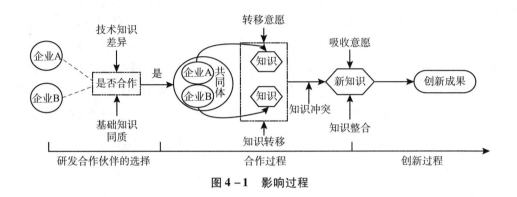

图 4 – 1　影响过程

4.2.1　对研发合作伙伴选择的影响

瑞海德和凯垂恩（Reinhide & Katrien）研究了合作企业在生产能力、研发能力和吸收能力等方面的不对称程度对研发合作模式的影响，研究发现，能力不对称的企业间建立研发合作，必须首先激发占优企业有合作兴趣，并要保证专用知识和能力在合作企业中合理分配[155]。企业选择研发合作伙伴的基本要求是完成企业合作的战略目标。企业合作的战略目标一般分为以下几点：一是取得研发技术及产品的领先地位，拓展新技术领域，扩展企业经营层面；二是在满足产品生产或项目的条件下，降低成本与时间，最快完成产品生产，抢占市场先机，扩大市场占有率；三是开发具有知识产权的共享成果，创建技术标准，为后续技术做支持。取得研发技术及产品的领先地位是企业进行研发合作的目标和动机。企业为了通过资源互补实现利润最大化而进行合作。然而许多合作并没有带来预测的期望，有些甚至中途瓦解，根据对合作失败原因的统计分析，选择伙伴的匹配性较差是导致合作无法到达预期的重要原因。而造成匹配性差一个重要原因是部分企业认为伙伴的技术研发能力、融资能力等越强，就越应当与其开展合作，但却忽略了合作研发是一个知识共享、知识创造的过程。

企业的核心技术通常为隐性知识，企业合作进行知识共享，就是利用双方的隐性知识进行在创造形成新的知识。虽然技术知识的差异性能够为合作双方带来创造性的解决方案，产生更好的绩效。但是认知差距对企业间合作创新的作用是呈倒"U"型曲线状态[156]。当知识差异较小时，随着差距的逐渐增大，双方间的交互学习逐渐加强，但当差距大到超过某一程度是，相互交流能力变弱，组织间无法进行沟通，知识转移效率变低。因此，合作双方要具有极强的知识互补性。互补性强对于企业的合作具有显著的正影响。企业在选择合作伙伴时不能仅考虑企业间的知识差异，更要考虑合作双方是否具备一定的基础性技术知识。只有具备一定的基础性知识，企业之间才能进行有效沟通。

4.2.2　对合作稳定性的影响

知识异质性是知识的固有属性，在制造业产业集群企业之间进行研发合作的过程中，企业间由于异质性造成的知识结构、知识存量与知识员工知识背景及双方的知识转移动机和利益需求的矛盾，引发合作企业发生对抗行为，从而导致冲突的发生，影响了企业合作的稳定性。良性的知识冲突是双方已经进行知识共享产生的冲突，是一种隐性知识的冲突。双方是可以并且愿意对问题提出自己的想法和建议，建立解决问题的方法和机制，加快合作的进程。良性的知识冲突作为合作学习中的"催化剂"，自身具备内在解决的要求，对知识共享起着驱动作用。处于知识势差低位的一方意识到现有考虑模式的缺陷而自发地进行探索性的学习，而处于知识势差高位的一方为了更好地说服对方接受自己的建议也会进行挖掘性学习，以便完善自己的意见。因此，知识异质性造成的良性知识冲突促进了合作双方进行探索性和挖掘性的学习。当发生这类知识冲突时，双方常常能够提出一些建设性的意见，提升合作效率，促进成员企业新产品的开发。知识冲突打破群体思维惯式，使得组织对潜在问题能够进行更深层级的思考，利用新的方式去解决企业面临的产品开发等技术问题。

知识共享的动机和意愿通常是伙伴间的价值取向、共同目标以及在合作中相互间的理解和信任，它是合作双方间转移知识的必要条件，因为只有当合作双方拥有较高的交互意愿时，它们之间的知识才能有效地进行转移和整合。行为心理学认为个体行为动机与意愿越强，成功执行某一行为的可能性越大。马庆国认为知识接收方获取知识的动机、知识发送方共享知识的意愿对知识转移绩效具有重要的影响[73]。对知识获取行为价值判断越高，产生的知识获取动机越强，知识接收方获取知识的行为越主动。而知识发送方知识共享与转移的主观意愿越强，知识接收方的知识获取行为的实现越顺利。当双方企业合作阶段发生知识冲突时，双方的交互意愿就决定了知识冲突是往良性发展还是恶性发展。当合作双方都以解决冲突为出发点，双方积极沟通、努力协调，冲突反而成为合作的"催化剂"；而当合作双方互相推诿，避重就轻，那么冲突就会成为合作的"抑制剂"，严重的甚至造成合作瓦解。企业在转移知识的过程中，会不可避免地存在机会主义意识隐瞒其部分核心知识，合作双方交互意愿强弱在一定程度上直接影响到合作研发的稳定性，成为企业继续合作还是退出的关键因素。

4.2.3 对创新成果的影响

当合作双方进行知识转移实现知识共享后，合作双方能否有效的吸收，进行知识整合，是决定技术创新是否实现的关键因素。企业在研发合作的过程中，源于合作方的知识打破了原有企业的惯性思维，双方在交流的过程中对潜在问题进行更深层级的思考，利用新的方式去解决企业面临的产品开发等技术问题，促进双方的探索性学习并减少挖掘性学习。这为知识创新的形成提供了条件。研发收益实际上是企业在合作获得的知识在货币或实物上的表现形式。因此，知识吸收能力越强，知识的整合越容易成功，企业获得研发收益越大。同时由于企业是处在动态环境中的，新技术的应用、政策的转变或者消费者偏好的改变都会使企业间的合作陷入困境，合作协议的刚性使得企业在面对研发过程中大量不确定性时缺乏了变通性，具有较强吸收整合知识能力的企业往往具备更强的学习能力，对外界具有更强的灵敏性，降低了由于无法及时调整而错失时机的风险。而在企业的合作的过程中会发生知识溢出，一部分的知识溢出是出于企业本身意愿，例如专利授权，还有一部分知识不是企业自愿溢出的。不论是相对溢出或者绝对溢出，参与合作的企业都会通过知识共享进行知识转移获取新知识。知识整合能力的强弱决定了企业在获取外部知识特别是隐性知识能否进行转化，进行技术创新，并扩大自己的知识存量。创新需要大量专业知识特别是隐性知识的学习积累过程，知识整合具备时间积累性，为创新奠定基础。

从上述的研究可以发现，知识因素影响企业合作研发模式的选择。之前的研究大多集中在技术溢出对企业合作研发的影响，却未考虑到企业作为知识的载体，企业的知识转移能力、知识整合能力等等都会对合作研发产生一定的影响。因此本书将知识影响因素作为重要因素，对企业合作研发模式的选择进行分析，降低由于不同企业存在的知识吸收能力的差异，导致"竞争前合作悖论"的状况的出现。并分析制造业产业集群企业在选择横向研发合作和纵向研发合作时，两种合作模式下所产生的研发投入与收益的差异。

4.3　知识影响因素的指标确定及评价方法

在对测量方法对比分析后，结合制造业产业集群企业的实际情况后，本书选择层次分析法和模糊综合评价法来综合对知识影响因素进行评价。

4.3.1　知识影响因素的指标构建

结合上述知识因素的分析、并根据制造业产业集群企业的实际特点，采用主观量化法，并遵循评价指标的独立性、可行性、代表性与差异性的特征，根据对知识影响因素的文献梳理，考虑到企业实际情况，去除部分重合因素，最终评价指标体系如表 4 - 2。

表 4 - 2　　　　　　制造业产业集群企业知识影响因素评价指标体系

准则层	方案措施层	相关研究
知识转移 B_1	能将知识显性表达 C_{11} 理解并掌握企业现有知识 C_{12} 善于通过各种渠道、形式分享知识 C_{13}	施莱基麦克和奇尼（Schlegelmich & Chini）（2003）； 张睿，于渤（2009）；龙天慧（2010）
转移意愿 B_2	愿意将工作经验传授给对方 C_{21} 认为对方学习知识对合作有好处 C_{22} 向他人传授知识时，也会加深自己对知识的理解 C_{23}	苏兰斯基（Szulanski）（1996）； 王毅、吴桂生（2003）

准则层	方案措施层	相关研究
知识吸收 B_3	能快速理解新知识 C_{31} 接收新知识的同时也能吸收对方有关知识的理解 C_{32} 知道该如何有效利用新知识 C_{33}	科格特和赞德尔（Kogut & Zander）（1992）； 格兰特（Grant）（1996）；杜静（2004）
吸收意愿 B_4	愿意向对方表明自己的知识需求 C_{41} 愿意接收对方传递的知识和经验 C_{42} 分配专门的时间进行学习 C_{43}	潘杰义等（2006）； 于和刘（Yu & Liu）（2008）；
知识互补 B_5	具备相似的人才储备 C_{51} 技术问题沟通不存在困难 C_{52} 合作技术是否对方的核心技术 C_{53}	莱恩、索尔克和莱尔斯（Lane，Salk & Lyles）（2001） 王兴元，姬志恒（2013）
组织相容性 B_6	不排斥对方的行为方式 C_{61} 合作方的运营机制效率较高 C_{62} 组织结构设置差别很大 C_{63}	美津浓等（Mizuno et al.）（1998）；王和陈（Wang & Chan）（2006）；徐国东等（2011）

4.3.2 基于 AHP 的指标权重确定

通过对流程工业特征的分析，确定资源循环仿真平台功能需求，建立系统总体框架，选择平台结构模式，研究平台体系结构，最终对平台及其后台运行的数据库做详细的设计，对功能进行细化，建立生产流程的资源分析基本模型，进一步研究生产过程中不同物质流可能对物质消耗指标、环境效率指标等产生的影响，以期系统能够帮助企业找到生产环节中抑制循环经济发展的"瓶颈"问题。

（1）建立层次结构模型

要对合作企业的知识影响因素进行评定，需要将知识影响因素分为不同的组成因素，并根据因素间的相互关系按不同层次进行组成，形成一个多层次的分析结构模型。本模型构建了以知识影响因素为目标层，以知识转移、转移意愿、知识吸收、吸收意愿、知识互补和组织相容性为准则层以及 18 个方案措施层的三层结构模型，其从属关系如图 4 - 2 所示。

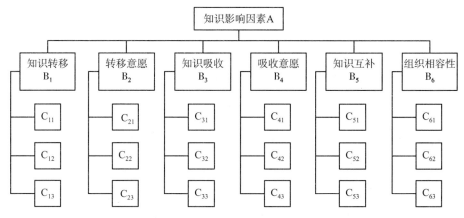

图 4 - 2　层次结构模型

（2）构建判断矩阵

根据已建立的层次结构模型，对影响知识影响因素的两两指标重要性进行比较分析，得出判断矩阵 $B = [B_{ij}]$，如表 4 - 3 所示。其中 $B_{ij} = \dfrac{B_i}{B_j}$ 表示指标 B_i 对指标 B_j 的相对重要性的判断值；$B_{ji} = \dfrac{1}{B_{ij}}$，$i \neq j$，（$i$，$j = 1$，2，3，……），两两对应指标互为倒数；$B_{ii} = 1$，每个因素对其自身的重要性均为 1。

表 4 - 3　　　　　　　　　　　　　　n 阶判断矩阵

B	B_1	B_2	B_3	…	B_n
B_1	B_{11}	B_{12}	B_{13}	…	B_{1n}
B_2	B_{21}	B_{22}	B_{23}	…	B_{2n}
B_3	B_{31}	B_{32}	B_{33}	…	B_{3n}
…	…	…	…	…	…
B_n	B_{n1}	B_{n2}	B_{n3}	…	B_{nn}

邀请 6 名知识管理专家对每一层次的两两指标对于上一层的相对重要性进行评定，运用数字标度 1~9 进行量化表示，建立对比矩阵。其中数字标准的含义如表 4 - 4 所示。

表4－4 判断矩阵中元素的赋值标准

B_{ij}	定义	说明
1	同等重要	对 A 的影响，B_i 与 B_j 同等重要
3	略微重要	对 A 的影响，B_i 比 B_j 略微重要
5	明显重要	对 A 的影响，B_i 比 B_j 明显重要
7	非常重要	对 A 的影响，B_i 比 B_j 非常重要
9	绝对重要	对 A 的影响，B_i 比 B_j 绝对重要
2、4、6、8		上述相邻指标的中间值
2、4、6、8		上述相邻指标的中间值

以企业知识影响因素的知识转移为例，邀请知识管理专家根据赋值标准构建判断矩阵 B_1。

$$B_1 = \begin{pmatrix} 1 & \dfrac{1}{5} & 3 \\ 5 & 1 & 6 \\ \dfrac{1}{3} & \dfrac{1}{6} & 1 \end{pmatrix}$$

根据赋值标准，该矩阵表明制造业产业集群企业知识转移的各项指标之间的权重关系：

$C_{12} = \dfrac{1}{5}$："理解并掌握企业现有知识"较"能将知识显性表达"明显重要；

$C_{13} = 3$："能将知识显性表达"较"善于通过各种渠道、形式分享知识"略微重要；

$C_{23} = 6$："理解并掌握企业现有知识"较"善于通过各种渠道、形式分享知识"非常重要（介于与明显重要之间）。

（3）计算相对权重系数并检验一致性

步骤1：确定相对权重系数。

根据特征值问题 $BW = \lambda_{max} W$，求出判断矩阵 B 对应于最大特征值 λ_{max} 的特征向量 W，经归一化即可求出该层各指标对于上一层指标的相对重要性的排序权值。求特征向量除了运用显性代数的方法外，还可以采用其他方法近似得出，这里采用求和法，计算步骤如下：

①对 B 的元素按列归一化得到 $\overline{B} = (\overline{C_{ij}})$，其中

$$\overline{C_{ij}} = \frac{C_{ij}}{\sum_{i=1}^{n} C_{ij}} \quad (i, j = 1, 2, \cdots, n) \tag{4-1}$$

②将 $\overline{B}$ 按行相加，得 $\overline{W} = [\overline{W_1}, \overline{W_2}, \cdots, \overline{W_n}]^T$，其中

$$\overline{W_i} = \sum_{j=1}^{n} \overline{C_{ij}} \tag{4-2}$$

③对 $\overline{W}$ 归一化，得 $W = [W_1, W_2, \cdots, W_n]$，其中

$$W_j = \frac{\overline{W_j}}{\sum_{i=1}^{n} \overline{W_i}} \tag{4-3}$$

以上述判断矩阵 B_1 为例，确定其相对权重系数。

①对 $B_1 = \begin{bmatrix} 1 & \frac{1}{5} & 3 \\ 5 & 1 & 6 \\ \frac{1}{3} & \frac{1}{6} & 1 \end{bmatrix}$ 的元素按列进行归一化，得到

$$\overline{B_1} = \begin{bmatrix} 0.1579 & 0.1463 & 0.3 \\ 0.7895 & 0.7317 & 0.6 \\ 0.0526 & 0.1219 & 0.1 \end{bmatrix}$$

②将 $\overline{B_1}$ 按行相加，得到 $\overline{W_1} = (0.6042 \quad 2.1212 \quad 0.2745)^T$

③对 $\overline{W_1}$ 归一化，得到 $W_1 = (0.2014 \quad 0.7071 \quad 0.0915)^T$

因此得到转移能力的权向量集 $W_1 = \{0.2014, 0.7071, 0.0915\}$

步骤 2：检验一致性。

虽然构建判断矩阵能较客观地反映两两因之对上一层指标的影响，但综合来看难免存在一定程度的非一致性，即

$$b_{ij} b_{jk} \neq b_{ik}, \quad \forall i, j, k = 1, 2, \cdots, n \tag{4-4}$$

因此，我们可以用 $\lambda_{max} - n$ 来检验误差，当误差越小，$\lambda_{max} - n$ 越小，λ_{max} 对应的标准化特征向量越能真实地反映出因素对指标影响中所占的比重，直至 $\lambda_{max} = n$，完全反映。因此，应对专家提供的判断矩阵进行一致性检验，以判

断是否合理。其步骤如下：

①计算一致性指标 CI。

$$CI = \frac{\lambda_{max} - n}{n - 1} \tag{4-5}$$

②查找相应的平均随机一致性指标 RI，给出 n = 1，2，3，…，11 的 RI 值，如表 4-5 所示。

表 4-5 矩阵阶数 n 不同对应的 RI 值

n	1	2	3	4	5	6	7	8	9	10	11
RI	0	0	0.58	0.90	1.12	1.24	1.32	1.41	1.45	1.49	1.52

③计算一致性比例 CR。

$$CR = \frac{CI}{RI} \tag{4-6}$$

CR 越小，判断矩阵的一致性越好，当 CR < 0.10 时，判断矩阵的一致性是可接受的，否则应对判断矩阵进行适当的修正。

以上述判断矩阵 B_1 为例，计算一致性。

首先计算判断矩阵的最大特征值 $\lambda_{max} = \frac{1}{n} \sum_{i=1}^{n} \left[\frac{\sum_{j=1}^{n} a_{ij} w_j}{w_j} \right]$，以判断矩阵 B_1 为例求其最大特征值。

$$B_1 W_1 = \begin{bmatrix} 1 & \frac{1}{5} & 3 \\ 5 & 1 & 6 \\ \frac{1}{3} & \frac{1}{6} & 1 \end{bmatrix} \begin{bmatrix} 0.2014 \\ 0.7071 \\ 0.0915 \end{bmatrix}$$

$(B_1 W_1)_1 = 1 \times 0.2014 + \frac{1}{5} \times 0.7071 + 3 \times 0.0915 = 0.6173$

$(B_1 W_1)_2 = 5 \times 0.2014 + 1 \times 0.7071 + 6 \times 0.0915 = 2.2631$

$(B_1 W_1)_3 = \frac{1}{3} \times 0.2014 + \frac{1}{6} \times 0.7071 + 1 \times 0.0915 = 0.2764$

因此判断矩阵 B_1 的最大特征值，其中 n = 3

$$\lambda_{max} = \frac{1}{n}\sum_{i=1}^{n}\left[\frac{\sum_{j=1}^{n}a_{ij}w_j}{w_j}\right] = \frac{1}{3}\left(\frac{0.6173}{0.2014} + \frac{2.2631}{0.7071} + \frac{0.2764}{0.0915}\right) = 3.09$$

则 $CI = \dfrac{\lambda_{max} - n}{n - 1} = \dfrac{3.09 - 3}{3 - 1} = 0.045$，由表 3-4 查出当 $n = 3$ 时 $RI = 0.58$，

$$CR = \frac{CI}{RI} = \frac{0.045}{0.58} = 0.0775 < 0.1$$

计算一致性比例，一致性检验通过，该矩阵具有一致性，则所得权重集可以反映各指标的重要程度，权重分配合理。

同理计算"转移意愿 B_2"的判断矩阵为

$$B_2 = \begin{pmatrix} 1 & 3 & 5 \\ \dfrac{1}{3} & 1 & 2 \\ \dfrac{1}{5} & \dfrac{1}{2} & 1 \end{pmatrix}$$ 时，$W_2 = \{0.6480, 0.2299, 0.1221\}$

"知识吸收 B_3"的判断矩阵为

$$B_3 = \begin{pmatrix} 1 & 6 & 2 \\ \dfrac{1}{6} & 1 & \dfrac{1}{5} \\ \dfrac{1}{2} & 5 & 1 \end{pmatrix}$$ 时，$W_3 = \{0.575, 0.0819, 0.3431\}$

"吸收意愿 B_4"的判断矩阵为

$$B_4 = \begin{pmatrix} 1 & 2 & \dfrac{1}{3} \\ \dfrac{1}{2} & 1 & \dfrac{1}{2} \\ 3 & 2 & 1 \end{pmatrix}$$ 时，$W_4 = \{0.268, 0.1946, 0.5374\}$

"知识互补 B_5"的判断矩阵为

$$B_5 = \begin{pmatrix} 1 & \dfrac{1}{5} & \dfrac{1}{4} \\ 5 & 1 & 2 \\ 4 & \dfrac{1}{2} & 1 \end{pmatrix}$$ 时，$W_5 = \{0.0982, 0.5679, 0.3339\}$

"组织相容性 B_6"的判断矩阵为

$$B_6 = \begin{pmatrix} 1 & \dfrac{1}{7} & 3 \\ 7 & 1 & 2 \\ \dfrac{1}{3} & \dfrac{1}{2} & 1 \end{pmatrix}$$ 时，$W_6 = \{0.2356, 0.594, 0.1703\}$

同理计算"知识影响因素 A"的判断矩阵为

$$A = \begin{pmatrix} 1 & 2 & \dfrac{1}{3} & \dfrac{1}{3} & 3 & 2 \\ \dfrac{1}{2} & 1 & \dfrac{1}{5} & \dfrac{1}{5} & 2 & 1 \\ 3 & 5 & 1 & 1 & 7 & 5 \\ 3 & 5 & 1 & 1 & 7 & 5 \\ \dfrac{1}{3} & \dfrac{1}{2} & \dfrac{1}{7} & \dfrac{1}{7} & 1 & 2 \\ \dfrac{1}{2} & 1 & \dfrac{1}{5} & \dfrac{1}{5} & \dfrac{1}{2} & 1 \end{pmatrix}$$ 时，

$W = \{0.1269, 0.0713, 0.3424, 0.3424, 0.0578, 0.0592\}$

4.3.3 模糊综合评价

模糊综合评价数学模型简单、容易掌握，对多因素、多层次的复杂问题评价效果较好。对于企业而言，知识影响因素的模糊综合评价是基于评价过程的模糊运算法则，对评价进行量化综合，从而得的量化结果，具有实操性。因此，本书采用易于推广、易于运用的模糊综合评价法对企业的知识影响因素进行量化。

从表 4 - 2 可知制造业产业集群企业知识影响因素评价体系是个包含二级指标的评价体系，因此对每一个一级指标即知识转移、转移意愿、知识吸收、吸收意愿、知识互补和组织相容性这六个指标都需要构成一个模糊综合评价过程。首先分别对每个一级指标所分解的二级指标进行模糊综合评价，然后再与一级指标的权重进行模糊综合，便可得到最终评价结果。

根据表 4 - 2 得出知识转移效率的评价因素集如下：

$B_1 = \{C_{11}, C_{12}, C_{13}\}$，$B_2 = \{C_{21}, C_{22}, C_{23}\}$，$B_3 = \{C_{31}, C_{32}, C_{33}\}$

$B_4 = \{C_{41}, C_{42}, C_{43}\}$，$B_5 = \{C_{51}, C_{52}, C_{53}\}$，$B_6 = \{C_{61}, C_{62}, C_{63}\}$

A = {B₁，B₂，B₃，B₄，B₅，B₆}

然后建立从 U 到 F(V) 的模糊映射为 F：U→F(V)，根据德尔菲法由企业双方的项目专家确定单因素隶属度，这里将指标评价分为五个等级，构成评语集 V = {V₁，V₂，V₃，V₄，V₅} = {好，较好，一般，较差，差}，评语集对应的数值集 N = {90，80，70，60，50}。

由企业内部 10 名专家组成的评价小组，对于知识转移评价系统中的"能将知识显性表达 C₁₁"这一指标进行评价，2 人给出的评价为好，4 人给出的是较好，2 人给出的一般，2 人给出的是较差，1 人给出的是差，那么该模糊指标的隶属度为

$r_{111} = 0.2$，$r_{112} = 0.4$，$r_{113} = 0.2$，$r_{114} = 0.2$，$r_{115} = 0.1$

按照此方法可以得到整个指标体系的评价矩阵，为了与六个一级指标相对应，得出知识转移的以下六个二级评价矩阵集：

$$R_1 = \begin{bmatrix} r_{111} & r_{112} & r_{113} & r_{114} & r_{115} \\ r_{121} & r_{122} & r_{123} & r_{124} & r_{125} \\ r_{131} & r_{132} & r_{133} & r_{134} & r_{135} \end{bmatrix}$$

同理得出 $R_2 R_3$，R_4，R_5，R_6，形式与上述 R_1 类似，这里不再列出。

然后根据之前确定的各个因素的权重及他们隶属的向量，经过模糊变化合成模糊矩阵，这里采用"加权平均型"模型，即

$$S = W \times R = \{w_1，w_2，\cdots，w_n\} \times \begin{bmatrix} r_{11} & r_{12} & \cdots & r_{1m} \\ r_{21} & r_{22} & \cdots & r_{2m} \\ \cdots & \cdots & \cdots & \cdots \\ r_{n1} & r_{n2} & \cdots & r_{nm} \end{bmatrix}$$

$$= (\sum_{i=1}^{n} (a_i r_{i1})，\sum_{i=1}^{n} (a_i r_{i2})，\cdots，\sum_{i=1}^{n} (a_i r_{ij})) \tag{4-7}$$

4.4　基于博弈的制造业产业集群企业合作研发模式选择研究

根据合作模式及集群的特点及前人研究的理论成果，本书总结出制造业产

业集群的企业在选择合作研发模式的选择过程中要遵循匹配性原则、成本节约最大化原则和利益最大化原则。

4.4.1 模式选择的原则

(1) 匹配性原则

匹配性原则是指企业所选择的研发合作模式能够与企业现在的实际情况相适应。由于企业的规模不同、性质不同，各自的优缺点不同，企业要在研发合作模式的选择过程中，结合双方企业的实际情况进行模式的选择。否则就会造成企业与研发模式无法适应，不仅无法促进双方企业的知识共享，反而还会发生冲突导致关系破裂，造成时间、成本、资金的极大浪费。所以匹配性原则是研发合作模式时应遵循的基本原则。

(2) 成本节约最大化原则

企业进行研发合作的动机之一就是节省研发费用并降低生产成本获得利益。因此，在进行研发合作时，要以成本最小化为原则，控制合作产生的交易成本、协调成本、管理成本等，实现利益最大化。

(3) 利益最大化原则

企业通常只在某个或某几个环节拥有绝对竞争力。合作研发就是将不同企业中研究人员、研发资金、知识等资源综合统筹创造价值的过程。不同企业有不同企业的特点，与不同企业合作会产生不同的效果，产生不同的价值。企业进行合作研发最终目的是实现利益最大化，涉及到企业合作方面就要使得合作利益最大化。因此在选择研发合作模式时，坚持利益最大化原则。

4.4.2 模式选择的过程

从合作研发模式选择的过程来看，企业将从匹配度、节约成本和利益最大化出发，对比最大收益率做出决策。

（1）预测两种合作模式下企业最大收益率

企业进行合作模式的选择的基础是能够准确地预测每种可行的合作模式下的最大收益，这也是合作研发决策首要解决的关键问题。知识交互随着研发活动的开始而开始，结束而结束。知识能否在组织间成功转移直接影响到合作创新的绩效。为了使不同研发合作模式下的最大化收益有可比性，引入一个合作研发最大收益率的概念。它是指企业每单位的研发投入所能获得的收益。

（2）选择最大收益率最高的合作研发模式

企业合作研发的出发点是为了获得利益，尽管企业在进行选择时会考虑多种因素，但是获得利益最大是它的出发点。因此，企业在模式选择的最后一步，在已预测出的企业研发合作收益中选择出最高的合作模式

4.4.3　制造业产业集群企业合作研发模式决策

在 AJ 模型中，假设研发的技术溢出会完全被企业吸收利用并且产品是同质的，但在现实社会中，对溢出知识的吸收取决于合作双方企业的知识管理能力，该模型的运用受到极大的限制。以此为基础，本书在企业研发合作过程中将引入知识影响因素，构建制造业产业集群企业研发合作选择博弈模型。

参考 AJ 模型，将两阶段划分为研发投入与产品产出，第一阶段企业进行研发合作，企业同时确定研发投入，第二阶段分别确定产量。企业与企业间进行的完全信息博弈，排除信息不对等的情况。同时由于为制造业产业，企业间的竞争差距主要来源于技术，不存在固定资源占有而造成的差别，因此生产的产品是具有可同质性的。为了预测企业在横向合作研发和纵向合作研发两种模式下最大收益率，分别对企业横向和纵向两种合作模式进行模拟。企业最终的收益为第二阶段的利润减去第一阶段的成本。以下是本文的基本假设。

假设 1：存在两个相互独立的市场 A 和 B，每个市场中存在两个对称的企业，每个市场都存在两家只生产同一种同质产品的寡头企业 I，J 即：

$$Q_1 = q_{1i} + q_{1j} \qquad\qquad (4-8)$$

$$Q_2 = q_{2i} + q_{2j} \qquad\qquad (4-9)$$

其中，Q_1、Q_2 分别代表市场 A 和 B 两个企业的总产量，q_{1i}、q_{1j}、q_{2i}、q_{2j} 分别表示企业 I、J 在市场 A、B 的产量。

假设 2：已知逆需求函数为四个企业生产的产品均符合线性需求条件，同时进一步假设则两市场符合同样的线性需求条件，则：

$$P_1 = a - q_{1i} - q_{1j} \qquad\qquad (4-10)$$

$$P_2 = a - q_{2i} - q_{2j} \qquad\qquad (4-11)$$

其中，$a > 0$，P 为产品价格。

假设 3：由于企业是处于动态环境中的，研发技术的外部性和溢出效益客观存在，企业在进行创新降低成本的同时不可避免地发生知识外溢（此为外生溢出，指的是企业无论采取何种措施都会被其他企业无偿获得），包括来自横向的知识外溢（同一市场中另一企业的知识外溢，设为 α）和来自纵向的知识外溢（另一市场中其他企业的知识外溢，设为 β）。企业可以通过学习其他企业知识外溢产生的知识而从中受益，但是企业不可能将知识完全的转化吸收利用，这里企业吸收整合的知识设定为 $AC_i = (1-s)x_i^s$，其中 $s(0 < s < 1)$ 为知识影响因素参数，

$$S = 1 - A/100 = 1 - W(B_1, B_2, B_3, B_4, B_5, B_6)/100 \qquad (4-12)$$

根据以上定义，企业知识影响因素参数的取值范围为 $[0, 1]$。企业通过对其他企业溢出知识的知识转移获益归结为企业生产产品边际成本的降低。则市场 A，B 中企业 i 的有效研发投入 X_i，Y_i 分别为：

$$X_i = x_i + (1-s)x_i^s(\alpha x_j + \beta(y_1 + y_2))^{1-s}(i, j = 1, 2, i \neq j) \qquad (4-13)$$

$$Y_i = y_i + (1-s)y_i^s(\alpha y_j + \beta(x_1 + x_2))^{1-s}(i, j = 1, 2, i \neq j) \qquad (4-14)$$

其中 x_i、y_i 分别表示市场 A、B 中企业 i 的研发投入，其中 $0 < \alpha < 1$，$0 < \beta < 1$。

假设 4：假设企业的初始边际成本均为 $c(0 < c < a)$，固定资本都是 0。企业通过自身的研发活动和知识转移的研发成果获得企业产品成本的降低。则市场 A，B 中企业单位成本 C_1、C_2 为：

$$C_1 = c - X_i \qquad\qquad (4-15)$$

$$C_2 = c - Y_i \qquad\qquad (4-16)$$

其中 $X_i < c$，$Y_i < c$。

假设 5：如果企业技术不发生突变的情况下，技术研发的每一步提高都需要投入更多的资源，研发投入是规模收益递减的，假设市场 A、B 中企业 i 的单位研发成本是 $(\gamma/2)x_i^2$ 和 $(\gamma/2)y_i^2$。则两个产业中企业的总利润分别为：

$$\pi_{1i} = (P_1 - C_1)q_{1i} - (\gamma/2)x_i^2 \ (i = 1,\ 2) \tag{4-17}$$

$$\pi_{2i} = (P_2 - C_2)q_{2i} - (\gamma/2)y_i^2 \ (i = 1,\ 2) \tag{4-18}$$

企业的知识影响因素参数确定后，可构建博弈模型进行选择决策。本书模型研究的是企业根据研发需要从横向和纵向合作研发模式中选择其一，选择的标准是使得合作研发的收益率最大化。整个博弈过程分为生产和研发两个阶段，第一阶段四家企业同时确定研发投资水平，然后第二阶段两个市场的企业分别决定自己的产量，进行古诺竞争。

(1) 横向合作研发

对于同一市场的双寡头企业而言，两者之间只有竞争和合作的关系。由于垄断会带来商品价格不合理而造成寡头企业巨额利润，各国政府都颁布法律不容许非能源市场的垄断行为。因此，同一市场的双寡头企业只存在竞争关系。对于同一市场的双寡头企业竞争而言，其合作关系只能是第一阶段研发阶段合作，第二阶段生产阶段竞争。企业之间的博弈是从第二阶段先进行产量竞争然后向前一阶段计算研发博弈的过程，通过推导得到博弈纳什均衡。企业再根据第一阶段确定的研发投入水平来确定利润最大化的产量。假定企业都是对称的，即企业产量和研发投入都是相同的，那么企业利益最大化就是求生产产量最大化。

令 $\dfrac{\partial \pi_{1i}}{\partial q_{1i}} = \dfrac{\partial((P_1 - c + X_i)q_{1i} - (\gamma/2)x_i^2)}{\partial q_{1i}} = 0$ 则

$$\begin{cases} \dfrac{\partial \pi_{11}}{\partial q_{11}} = a - 2q_{11} - q_{12} - c_1 + X_1 = 0 \\[2mm] \dfrac{\partial \pi_{12}}{\partial q_{12}} = a - 2q_{12} - q_{11} - c_2 + X_2 = 0 \end{cases} \tag{4-19}$$

则可得到企业 i 在行业 A 中的生产阶段的均衡产出水平：

$$q_{1i} = \frac{1}{3}(a - c + 2X_i - X_j) \quad (i,\ j = 1,\ 2,\ i \neq j) \tag{4-20}$$

将公式 4 – 19 代入公式 4 – 9 中，可得企业 i 在行业 A 中的利润方程：

$$\pi_{1i} = q_{1i}^2 - (\gamma/2) x_i^2 \quad (i = 1, 2) \tag{4 – 21}$$

则企业间横向合作研发的总收益为：

$$\pi_{11} + \pi_{12} = q_{11}^2 + q_{12}^2 - (\gamma/2) x_1^2 - (\gamma/2) x_2^2 \tag{4 – 22}$$

企业进行合作的目的是为了实现合作总收益最大，逆向推导第一阶段企业为合作研发博弈，则对于企业 i 最优研发投入为：

$$令 \quad \frac{\partial(\pi_{11} + \pi_{12})}{\partial x_1} = \frac{\partial(q_{11}^2 + q_{12}^2 - (\gamma/2) x_1^2 - (\gamma/2) x_2^2)}{\partial x_1}$$

$$= 2q_{11} \frac{\partial q_{11}}{\partial x_1} + 2q_{12} \frac{\partial q_{12}}{\partial x_1} - \gamma x_1 = 0 \tag{4 – 23}$$

假设四家企业是完全对称的，则 $x = x_1 = x_2 = y_1 = y_2$，$q_1 = q_{11} = q_{12}$，带入公式 4 – 19 可即可得：

$$q_1 = \frac{1}{3}(A + ((1 - s)B^{1-s} + 1)x) \tag{4 – 24}$$

$$\frac{\partial q_{11}}{\partial x_1} = \frac{1}{3}(2 + 2s(1 - s)B^{1-s} - \alpha(1 - s)^2 B^{1-s}) \tag{4 – 25}$$

$$\frac{\partial q_{12}}{\partial x_1} = \frac{1}{3}(2\alpha(1 - s)^2 B^{1-s} - s(1 - s)B^{1-s} - 1) \tag{4 – 26}$$

其中 $A = a - c$，$B = \alpha + 2\beta$，把公式（4 – 23），公式（4 – 24），公式（4 – 25）代入公式（4 – 23），得到横向合作研发企业 $i(i = 1, 2)$ 的最优研发投入水平 x_y：

$$x_y = \frac{A(1 + s(1 - s)B^{1-s} + \alpha(1 - s)^2 B^{-s})}{2.5 + \gamma - s(1 - s)^2 B^{2(1-s)} - (1 - s^2)B^{1-s} - \alpha(1 - s)^3 B^{1-2s} - \alpha(1 - s)^2 B^{-s}} \tag{4 – 27}$$

根据最优投入水平 x_y，得出最优均衡产量 q_y，最大总收益 π_y 和合作研发收益率 g_y：

$$q_y = \frac{1}{3}(A + ((1 - s)B^{1-s} + 1)x_y) \tag{4 – 28}$$

$$\pi_y = \frac{2((1 - s)B^{1-s} + 1)^2 - 9\gamma}{9}x_y^2 + \frac{4A((1 - s)B^{1-s} + 1)}{9}x_y + \frac{2A^2}{9} \tag{4 – 29}$$

$$g_y = \frac{\pi_y}{x_y} \tag{4 – 30}$$

（2） 纵向合作研发

决策假定市场 A 的企业 1 决定与市场 B 中企业 1 进行合作研发，即处于价值链不同的企业进行纵向研发合作，与横向合作研发类似，四家企业的产量和投入相同。则市场 B 中企业 i 的利润方程为：

$$\pi_{2i} = q_{2i}^2 - (\gamma/2) y_i^2 \qquad (i = 1, 2) \qquad (4-31)$$

则市场 A 的企业 1 与市场 B 中的企业 1 的合作收益为：

$$\pi_{11} + \pi_{21} = q_{11}^2 + q_{21}^2 - (\gamma/2) x_1^2 - (\gamma/2) y_1^2 \qquad (4-32)$$

令双方合作收益最大，即求公式（4-30）的最大值，对公式（4-30）求导

$$\frac{\partial(\pi_{11} + \pi_{21})}{\partial x_1} = \frac{\partial(q_{11}^2 + q_{21}^2 - (\gamma/2) x_1^2 - (\gamma/2) y_1^2)}{\partial x_1}$$

$$= 2q_{11} \frac{\partial q_{11}}{\partial x_1} + 2q_{21} \frac{\partial q_{21}}{\partial x_1} - \gamma x_1 = 0 \qquad (4-33)$$

由于假设四家企业是完全对称的，则 $x = x_1 = x_2 = y_1 = y_2$，$q_1 = q_{11} = q_{21}$，结合公式（4-23）对 q_{21} 求导，得出：

$$\frac{\partial q_{21}}{\partial x_1} = \frac{1}{3} \beta (1-s)^2 B^{-s} \qquad (4-34)$$

把公式（4-33），公式（4-23），公式（4-24）代入公式（4-33）最终求得纵向合作研发的最优解 x_v，即可得到纵向合作研发的最优均衡产量 q_v 和最大总收益 π_v，其中 $A = a - c$，$B = \alpha + 2\beta$，$C = \alpha - \beta$：

$$x_v = \frac{A(2 + 2s(1-s)B^{1-s} - C(1-s)^2 B^{-s})}{5.5 + \gamma - 2(1-s^2)B^{1-s} - 2s(1-s^2)B^{2(1-s)} + C(1-s)^3 B^{1-2s} + C(1-s)^2 B^{-s}}$$

$$(4-35)$$

$$q_v = \frac{1}{3}(A + (1-s)B^{1-s} + 1)x_y) \qquad (4-36)$$

$$\pi_v = \frac{2((1-s)B^{1-s} + 1)^2 - 9\gamma}{9} x_y^2 + \frac{4A((1-s)B^{1-s} + 1)}{9} x_y + \frac{2A^2}{9} \qquad (4-37)$$

$$g_v = \frac{\pi_v}{x_v} \qquad (4-38)$$

（3） 合作研发模式收益率比较

企业合作的目的是利润最大化，因此使企业合作研发达到最大效益的合作

模式是企业的首选。我们假设企业进行合作模式选择的依据只考虑利益这个因素，将不同知识影响因素下企业的纵向研发合作和横向研发合作的总受益率进行比较，得出最佳合作模式。选择 $a = 100$，$c = 50$，$\alpha = \beta = \dfrac{1}{2}$，$\gamma = 1$，考察不同知识能力下企业横向和纵向合作研发模式的收益情况，见表 4 - 6。

表 4 - 6 　　　　　　　　不同知识影响因素参数下两种合作研发模式的对比

知识影响因素参数（S）	横向合作研发投入（x_y）	纵向合作研发投入（x_v）	横向合作研发总收益（π_y）	纵向合作研发总收益（π_v）	横向合作研发收益率（g_y）	纵向合作研发收益率（g_v）	收益率差值（$g_y - g_v$）
0	100.00	28.57	10000.00	2460.30	100.00	86.11	13.89
0.1	74.66	34.90	5322.96	2545.51	71.30	72.95	- 1.65
0.2	56.74	39.27	3166.81	2372.62	55.82	60.41	- 4.60
0.3	43.77	41.00	2102.24	2023.80	48.03	49.36	- 1.34
0.4	34.21	40.01	1537.70	1632.83	44.94	40.81	4.14
0.5	27.04	36.92	1215.61	1302.82	44.96	35.29	9.67
0.6	21.56	32.61	1018.52	1068.67	47.25	32.77	14.48
0.7	17.30	27.88	890.19	917.33	51.45	32.90	18.55
0.8	13.95	23.28	802.21	821.50	57.52	35.29	22.22
0.9	11.27	19.08	739.45	758.31	65.64	39.75	25.89
1.0	9.09	15.38	693.30	713.35	76.26	46.37	29.90

具备转移和吸收知识的能力是企业能够参与市场竞争的前提，但由于存在外部环境干扰及技术限制，企业不可能完全转移吸收外部知识，因此 s≠0 且 s≠1。把处于两端的值剔除后，绘制折线图结合数据，对比可发现，当企业所处的外部市场环境一定时，随着知识影响因素参数的减小，不论横向合作还是纵向合作，企业的研发收益率都呈现先下降后上升的趋势。研发收益率随着知识影响因素变动而改变。在知识影响因素参数 s 取值较小时，横向合作研发收益率小于纵向合作研发收益率；随着知识影响因素参数 s 取值逐渐较大时，两者间的差距逐渐缩小，当超过一定值时，横向合作研发收益率大于纵向合作研发收益率（如图 4 - 3）。

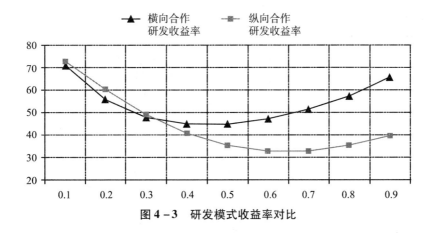

图 4 - 3 研发模式收益率对比

4.4.4 实证分析

山东某制造业产业集群位于渤海地区与山东半岛的连接地带，地下卤水总储量约 60 亿立方米，可用于原盐、纯碱、烧碱、氯化镁、硫酸镁、硫酸钙、氯化钾、溴素等基础性化工原料的生产。拥有丰富的石油、天然气资源以及工矿存量用地，在发展化工产业方面有得天独厚的优势和条件。该集群以成套装备制造为主攻方向，拥有船舶修造、汽车及零部件、工程装备制造这三大产业。集群内企业众多。例如，在汽车及零部件制造，以潍柴动力、福田诸城汽车、凯马汽车、荣昊汽车等企业为龙头，依托北汽福田新能源汽车、比德文动力、广生新能源等骨干企业，加快一批整车和配套产业的自主化品牌。集群内企业研发意思强，企业与企业间的合作较多。本书以该制造业产业集群的核心企业福田雷沃重工及其合作企业为研究样本，运用上面设计的知识影响因素评价方法及合作研发模式对合作双方进行研究。因此，本书以该制造业产业集群为研究背景，选取与八家与福田雷沃重工进行过合作研发的企业 A、B、C、D、E、F、G、H，对这些企业进行分析。本书以 A 公司为例，对其知识能力进行评价。邀请该公司的一研发合作部门的 7 位工程师 3 位经理进行问卷调查，对该公司的知识转移效率进行测评，将收集到的数据进行汇总，基本情况如表 4 - 7 所示。

表4-7   A 公司的知识能力测评

目标层	准则层	权重	方案措施层	权重	评语				
					好	较好	一般	较差	差
A	B_1	0.127	C_{11}	0.201	0.1	0.2	0.5	0.2	0
			C_{12}	0.707	0.2	0.1	0.4	0.2	0.1
			C_{13}	0.092	0	0.1	0.7	0.2	0
	B_2	0.071	C_{21}	0.648	0.3	0.1	0.5	0.1	0
			C_{22}	0.230	0.2	0.6	0.1	0.1	0
			C_{23}	0.122	0.1	0.3	0.6	0	0
	B_3	0.342	C_{31}	0.575	0.2	0.2	0.6	0	0
			C_{32}	0.082	0.2	0.3	0.5	0	0
			C_{33}	0.343	0.1	0.4	0.4	0.1	0
	B_4	0.342	C_{41}	0.268	0.2	0.4	0.3	0.1	0
			C_{42}	0.195	0	0.2	0.5	0.2	0.1
			C_{43}	0.537	0.1	0.1	0.3	0.5	0
	B_5	0.058	C_{51}	0.098	0.2	0.2	0.4	0.1	0.1
			C_{52}	0.568	0.2	0.1	0.4	0.2	0.1
			C_{53}	0.334	0.1	0.1	0.6	0.1	0.1
	B_6	0.059	C_{61}	0.236	0.3	0.2	0.4	0.1	0
			C_{62}	0.594	0.2	0.3	0.3	0.1	0.1
			C_{63}	0.170	0.3	0.2	0.2	0.3	0

并对二级指标进行模糊运算。

$$U_1 = W_1 \times R_1 = [0.201, 0.707, 0.092] \begin{bmatrix} 0.1 & 0.2 & 0.5 & 0.2 & 0 \\ 0.2 & 0.1 & 0.4 & 0.2 & 0.1 \\ 0 & 0.1 & 0.7 & 0.2 & 0 \end{bmatrix}$$

$$= [0.1615, 0.1201, 0.4477, 0.2, 0.0707]$$

$$U_2 = W_2 \times R_2 = [0.648, 0.230, 0.122] \begin{bmatrix} 0.3 & 0.1 & 0.5 & 0.1 & 0 \\ 0.2 & 0.6 & 0.1 & 0.1 & 0 \\ 0.1 & 0.3 & 0.6 & 0 & 0 \end{bmatrix}$$

$$= [0.2526, 0.2394, 0.4202, 0.0878, 0]$$

$$U_3 = W_3 \times R_3 = \begin{bmatrix} 0.575, & 0.082, & 0.343 \end{bmatrix} \begin{bmatrix} 0.2 & 0.2 & 0.6 & 0 & 0 \\ 0.2 & 0.3 & 0.5 & 0 & 0 \\ 0.1 & 0.4 & 0.4 & 0.1 & 0 \end{bmatrix}$$

$$= \begin{bmatrix} 0.1657, & 0.2768, & 0.5232, & 0.0343, & 0 \end{bmatrix}$$

$$U_4 = W_4 \times R_4 = \begin{bmatrix} 0.268, & 0.195, & 0.537 \end{bmatrix} \begin{bmatrix} 0.2 & 0.4 & 0.3 & 0.1 & 0 \\ 0 & 0.2 & 0.5 & 0.2 & 0.1 \\ 0.1 & 0.1 & 0.3 & 0.5 & 0 \end{bmatrix}$$

$$= \begin{bmatrix} 0.1073, & 0.1999, & 0.339, & 0.3343, & 0.0195 \end{bmatrix}$$

$$U_5 = W_5 \times R_5 = \begin{bmatrix} 0.098, & 0.568, & 0.334 \end{bmatrix} \begin{bmatrix} 0.2 & 0.2 & 0.4 & 0.1 & 0.1 \\ 0.2 & 0.1 & 0.4 & 0.2 & 0.1 \\ 0.1 & 0.1 & 0.6 & 0.1 & 0.1 \end{bmatrix}$$

$$= \begin{bmatrix} 0.1666, & 0.1098, & 0.4668, & 0.1568, & 0.1 \end{bmatrix}$$

$$U_6 = W_6 \times R_6 = \begin{bmatrix} 0.236, & 0.594, & 0.170 \end{bmatrix} \begin{bmatrix} 0.3 & 0.2 & 0.4 & 0.1 & 0 \\ 0.2 & 0.3 & 0.3 & 0.1 & 0.1 \\ 0.3 & 0.2 & 0.2 & 0.3 & 0 \end{bmatrix}$$

$$= \begin{bmatrix} 0.2418, & 0.2602, & 0.3074, & 0.1352, & 0.0594 \end{bmatrix}$$

合成多指标 $R = \begin{bmatrix} U_1, & U_2, & U_3, & U_4, & U_5, & U_6 \end{bmatrix}^T$

$B = W \times R = \begin{bmatrix} 0.1269, & 0.0713, & 0.3424, & 0.3424, & 0.0578, & 0.0592 \end{bmatrix}$

$$\begin{bmatrix} 0.1615, & 0.1201, & 0.4477, & 0.2000, & 0.0707 \\ 0.2526, & 0.2394, & 0.4202, & 0.0878, & 0 \\ 0.1657, & 0.2768, & 0.5232, & 0.0343, & 0 \\ 0.1073, & 0.1999, & 0.3390, & 0.3343, & 0.0195 \\ 0.1666, & 0.1098, & 0.4668, & 0.1568, & 0.1000 \\ 0.2418, & 0.2602, & 0.3074, & 0.1352, & 0.0594 \end{bmatrix}$$

$$= \begin{bmatrix} 0.1559, & 0.2173, & 0.4272, & 0.1749, & 0.0249 \end{bmatrix}$$

$A = B \times N^T = \begin{bmatrix} 0.1559, & 0.2173, & 0.4272, & 0.1749, & 0.0249 \end{bmatrix} \begin{bmatrix} 90, & 80, & 70, \\ 60, & 50 \end{bmatrix}^T = 73.058$

则该企业的知识影响因素参数为

$$s = 1 - A/100 = 0.27$$

同理分别计算其他七家公司 B、C、D、E、F、G、H 的知识影响因素参数，计算结果分别为 0.73、0.33、0.55、0.43、0.68、0.65、0.19。

根据对这 8 家公司的知识影响因素参数，运用本书构建的博弈模型，分析对比这 8 家公司横向合作研发和纵向合作研发模式的收益情况。

选择 $a = 100$，$c = 60$，$\alpha = \beta = \dfrac{1}{2}$，$\gamma = 1$，考察这 8 家公司企业横向和纵向合作研发模式的收益情况，结果如表 4 - 8 所示。

表 4 - 8　　　　　　　　　企业两种合作研发模式的对比

企业	知识影响因素参数 (s)	横向合作研发投入 (x_y)	纵向合作研发投入 (x_v)	横向合作研发总收益 (π_y)	纵向合作研发总收益 (π_v)	横向合作研发收益率 (g_y)	纵向合作研发收益率 (g_v)	收益率差值 ($g_y - g_v$)	应选择合作研发模式	实际选择合作研发模式
A	0.27	39.57	32.622	1549.70	1368.99	39.16	41.97	- 2.80	纵向	纵向
B	0.73	17.34	21.18	569.14	565.73	32.83	26.72	6.11	横向	横向
C	0.33	34.84	32.78	1258.06	1219.21	36.11	37.20	- 1.08	纵向	纵向
D	0.55	23.18	27.89	736.11	751.29	31.75	26.94	4.81	横向	横向
E	0.43	28.67	31.41	948.55	975.70	33.09	31.06	2.03	横向	纵向
F	0.68	18.75	23.06	604.20	603.06	32.22	26.15	6.07	横向	横向
G	0.65	19.67	24.20	628.72	629.97	31.97	26.03	5.94	横向	纵向
H	0.19	47.59	31.16	2160.88	1535.91	45.40	49.29	- 3.88	纵向	纵向

从表 4 - 8 中可以发现，8 家企业中除了 2 家企业外其余应选择合作研发模式与实际情况基本相符。当合作双方企业的知识影响因素较大时倾向于选择纵向合作研发模式，而当知识影响因素较小时企业倾向于选择横向合作研发模式。这是因为企业主要考虑以下两个方面：

第一，为了应对市场变化。移动互联网技术使得当今社会的网络资源、信息、物体和人之间实现了物联网及服务互联网，工业 4.0 悄然而至。企业要想在日新月异的时代里仍保持较强的竞争力，需要从外界获取新知识，逐渐向"服务提供商"转变。同时，来自外界的特别是跨界的异质性知识是诱发企业进行突破性创新的关键因素，知识技术的多元化迫使企业内部进行跨越式的学习，为企业进行多元化发展奠定了基础，这也是为企业长久立足于市场打下知识积累。具备丰富知识存量的制造业企业能够快速整合技术，生产出市场需要的多技术、复杂度较高的产品，拓宽新的市场。具有较高的知识转移能力企业每单位转移、吸收知识的数量较多，对外界知识学习能力较强，能够快速、掌握并且运用新知识，具备更好的市场灵敏度，因此会倾向于选择纵向研发合作模式。

第二，制造业产业集群独特的地理群聚降低了企业间的知识流动成本，集群内企业间知识流动较多，但是独特的地理群聚也会造成集群内企业"闭门造车"，形成技术壁垒，故步自封。为了避免了由于同一领域同质性知识的积累导致的企业创新能力惯性问题，减少企业"两耳不闻窗外事"式的创新，降低由于技术进步导致的基础知识的急剧贬值而使企业被淘汰的可能性的发生，企业会选择纵向研发合作模式，例如加强与客户的纵向合作，重视客户交互。我们可以从实际调研中发现，在制造业产业集群中，部分处于知识转移能力较低的制造业企业在获利不大的情况下仍会选择纵向研发合作，这是因为企业特别是配套企业为了防止生产出的不符合市场需要的产品，会选择纵向研发合作模式进行创新。

从上述分析，我们可以认识到知识能力对企业的重要性。企业要想在市场上获得成功，知识管理能力起着决定性作用，因此企业应提升自身的知识能力。企业应在企业内部搭建完善的知识库和专家库，将现有知识进行显性表达，同时完善企业内部员工学习机制，创造学习氛围，进行人才储备。只有企业自身知识管理能力得到提升，企业学习外界知识的能力才得以提升，这样才能更好地进行研发创新。

4.5　结论与展望

4.5.1　结论

相似企业合作研发选择的模式大有不同，这与企业自身内部因素有关。本研究通过分析知识因素对企业合作研发模式的影响，对比知识转移和研发合作过程，发现知识管理能力对研发合作伙伴的选择、合作过程的稳定性及不同研发模式的预期收益有这影响作用，企业会根据自身知识管理能力选择合作研发模式。在分析了合作模式选择的原则和一般过程后，在 AJ 模型上加入知识影响因素，将研发模式选择过程分为研发合作和生产竞争两个阶段，分析了知识影响因素对合作研发模式选择的影响，得出以下几点结论：

第一，当企业所处的外部市场环境一定时，随着知识影响因素的增强，不论横向合作还是纵向合作，企业的研发收益率都呈现先下降后上升的趋势。研发收益率随着知识能力变动而改变。在知识影响因素较强大时，横向研发合作收益率小于纵向研发合作收益率；随着知识影响因素的逐渐降低，两者间的差距逐渐缩小，当超过一定值时，横向研发合作收益率大于纵向研发合作收益率。因此，当企业的知识管理能力较低时，企业应选择横向研发合作模式，当知识管理能力较高时应选择纵向研发合作模式，以达到收益最大化。

第二，当今中国制造业产业正处于结构调整的阶段，附加值低的发展模式已不适合企业发展，提高企业创新能力，自主研发成为企业必选之路。但中国中小企业较多，研发水平参差不齐，选择合适的研发合作模式提高竞争力是企业面临的重要问题。因此，企业应对自身知识转移能力有清晰的认识，知识管理能力决定着创新知识的整合能力，并与企业研发合作模式的选择密切相关，关系着企业的最终收益。因此，企业应建立高效的学习机制，提高知识管理能力。

4.5.2 展望

本书研究了制造业产业集群企业知识因素对企业合作研发模式选择的影响，对 AJ 模型的假设条件进行了一定的放宽。但对于集群内的企业而言，研发合作是个集政府、科研结构、企业自身于一体的复杂战略决策问题，需要从不同角度、不同层面进行深入研究。

第一，企业处在不断变化的动态环境中，市场环境、技术变化等都会对企业研发模式选择产生影响，在实际情况要多方位思考。

第二，本书主要以企业的角度进行分析研究，未从政府层面的政策导向方面进行思考，具有局限性。

第三，模型假设每个市场都只有两个寡头企业，并假设企业完全对称，但在实际情况上不同企业之间是有所差异的，实际运用时还要具体情况具体分析。

综上所述，在制造业产业集群企业合作模式选择的研究中，作者提出了自己的观点，希望为以后研究起到积极作用。

第5章

基于知识服务业知识协同网络的优化

前面的第2~4章主要讨论了知识协同管理实践的内涵、前因、后果和知识协同网络的构建以及伙伴选择和合作模式选择，但知识协同网络是一个动态的过程，如何对知识协同网络进行优化也是越来越得到企业的重视，因此本章主要探讨了知识协同网络的优化。

我国产业集群起步较晚，知识合作结构处于不断变革和升级中。近年来，随着产业集群不断发展成熟及更加迫切的知识合作需要，我国制造业产业集群发展呈现出新的特性。集群中知识服务分工更加专业化、催生新型专业知识服务企业、政策导向更加明显、产学研联盟深入发展。催生围绕核心制造产业的知识服务业，形成新的知识合作结构。这种复杂结构对制造业产业集群知识合作与创新起到很好的促进作用，但其结构形式和作用机理尚没有深入的理论研究。因此，本书以当前产业集群知识合作网络为研究对象，在对集群中的知识服务业与传统制造业的关系分析的基础上，结合国内外对知识服务主体的研究，借鉴已有的知识合作创新理论，应用定量化方法对制造业产业集群知识合作网络结构进行研究。揭示知识服务业对制造业产业集群知识合作的影响机理，对制造业产业集群结构变革和升级具有重要的现实意义

引　子

随着制造业产业集群深入发展、知识经济和服务经济在全球范围内达成共识，我国制造业产业集群呈现出新的特征。由于知识需求的多样化和复杂化促

使制造业产业集群产生三方面变化：一是生产部门内部的知识型模块逐渐独立成专业的知识服务主体；二是催生新型的知识服务型行业；三是政府、高校、科研机构等组织越来越多参与到制造业产业集群知识合作过程，这些变化对制造业产业集群知识合作创新的影响机理研究意义重大。

产业集群带来的知识合作创新优势体现为地域优势、文化优势和结构优势。经济主体在地域上的集聚，降低了主体间合作交流成本、使主体间知识合作关系更加紧密、提升了主体间知识合作创新效率；文化上的趋同减少了影响知识合作的隐性因素、使知识合作更加顺畅；产业集群的形成和发展过程中逐渐形成体系健全、机制较为合理的知识合作结构，能有效提高集群知识合作创新效率。我国产业集群起步较晚，知识合作结构处于不断变革和升级中，近年来，随着产业集群不断发展成熟及更加迫切的知识合作需要，我国制造业产业集群发展呈现出新的特性，集群中知识服务分工更加专业化、催生新型专业知识服务企业、政策导向更加明显、产学研联盟深入发展，催生围绕核心制造产业的知识服务业，形成新的知识合作结构，这种复杂结构对制造业产业集群知识合作与创新起到很好的促进作用，但其结构形式和作用机理尚没有深入的理论研究。

因此，本书以潍坊重型机械制造业产业集群为例，进行知识合作网络分析，揭示知识服务业对制造业产业集群知识合作创新的影响机理，从知识服务业的角度对该集群提出了发展的建议，对制造业产业集群结构变革和升级具有重要的现实意义。

5.1 制造业产业集群知识合作特征

5.1.1 制造业产业集群知识服务需求现状分析

随着产品市场的发展，客户需求多样化发展，从被动接受产成品到主动寻求更加舒适、经济的产品体验。受市场需求变化的影响，传统制造业发展由仅提供实物产品向提供产品和简单的产品相关服务转变。并且相关产品服务在最终商品中的附加值越来越大，形成以客户需求为中心的实物产品与相关服务一体的商品包。由此在制造业企业内部催生知识性服务部门。受市场竞争的影响，为保持企业核心竞争力，将非核心服务需求外购或外包，由此催生围绕制造业核心产品的服务型企业。

随着科学技术的进步，制造业产成品可以含量越来越高。同时受到经济全球化的竞争压力，产品更新换代周期大大缩短。因此传统制造业企业对研发、营销、法律、信息化等知识性服务需求越来越大。这些知识服务专业化水平高、种类繁多，依靠传统制造型企业不能独立完成。为保持产品竞争力，制造型企业与知识服务性企业合作需求迫切。另外，除组织生产外，企业发展还需要对人力、物力、财力资源进行管理、企业战略进行规划等。尤其在当今社会管理方法层出不穷、发展环境不断变化，企业需要不断交流吸收新的知识进而保持和提高企业的竞争力。这种需求促进了中间知识服务业的发展。

在产业集群发展过程中，区域发展知识合作环境因素对制造业产业与知识服务业合作效率产生影响。完善的知识合作平台能够大大提高知识合作效率，行业协会等对区域知识合作的引导作用，政府的政策与法规的完善可以规范知识合作过程，降低集群主体间知识合作的隐性成本等。因此从区域整体发展来看，主体间的知识合作对有利的环境有一个反向的需求。

综合上述分析，本书将当前制造业产业集群中对知识服务的需求归结为三大类分别为：产品知识服务需求、生产知识服务需求和知识合作环境需求，如图 5-1 所示。

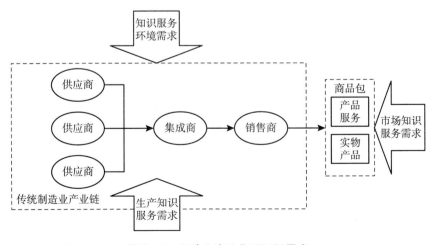

图 5-1　制造业产业集群知识需求

由此带来的制造业产业集群中知识服务特征的变化有三方面。一是原有生产部门中的知识服务模块逐渐细化分工成为独立的知识服务部门。二是催生新型外部专业化的知识服务企业和主体。三是政府、行业协会等越来越重视制造业产业集群中知识服务业的建设，逐渐加大对知识服务业的政策支持和引导。在产业集群内部形成比较系统的知识服务系统。

5.1.2　产品市场知识服务业特征

围绕核心产品市场传统服务分为售前、售中和售后服务。随着科技不断进步，制造业产成品越来与复杂，客户需求多样化发展，产品市场的服务也相应发生变革。由于服务的无形性特征，这种变革主要体现为服务各个环节更加细分、服务形式主要为知识服务。根据服务过程中知识流动方向，本书将产品市场知识服务分为市场知识服务和产品知识服务。

①市场知识服务是指生产企业为达成产品销售、了解客户需求和反馈而进行的知识获取的过程。近年来，传统的销售方式和简单的市场数据已不能满足日益复杂的产品结构和多样化的客户需求。因而催生新的营销和销售方式、新的市场信息类型和获取渠道。特征主要表现在营销销售管理实现网络化、市场反馈实现专业化互动化。制造型企业需要通过新的信息媒体建立起完善的推广、销售和支付平台，以满足客户和企业发展需求；通过专业的市场咨询服务构建完善的市场反馈机制。主要涉及的知识服务有销售管理解决方案、网络化解决方案、市场咨询反馈解决方案、金融服务解决方案。

②产品知识服务是指生产企业为提高客户体验、提供差异性服务而向客户提供的一系列的知识服务。美国学者莱维特指出："重要的并不是我们正在销售的基本的、有形的核心产品，而是我们以它为核心所寻求的令顾客满意的整体组合。"（房加轩，2010）竞争市场日趋成熟，制造业企业很难在有型产品上取得竞争优势。为客户提供围绕核心产品的有效的整体解决方案成为新的竞争点。例如 IBM 公司，商务服务已成为其经营发展的主要方向，服务的核心正向"外包服务"转移，即销售管理方式、替其他公司维护网站及业务培训等，由服务产生的利润已占到公司收入的 40% 以上。需要企业有较强的集成服务能力。除传统的售前培训和售后维修外，还需要为用户提供需求咨询服务、产品全程维护和完善、根据客户需求提供个性化服务。涉及知识服务有：

客户需求咨询、产品应用解决方案、金融解决方案。

综上所述制造业产业集群产品市场知识服务特征如图 5-2 所示。

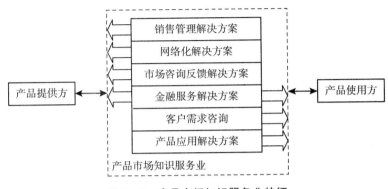

图 5-2　产品市场知识服务业特征

5.1.3　组织生产知识服务业特征

由于产品生产和组织发展对知识的固有需求，组织生产过程中的知识合作普遍存在于各个行业。国内外学者对于组织间的知识共享及合作创新有大量研究成果。随着制造业产业集群的不断发展升级，这方面的知识合作呈现出一定的特征。在组织上在原来的借助人员引进、借鉴优秀组织经验进行学习吸收的基础上寻求专业咨询机构进行组织的改革和升级；在生产方面由原来的简单知识交流逐渐演变为综合产业链协同创新、知识购买、联合开发等多种合作形式系统知识服务业。

①在组织知识合作方面，传统企业在通过自我管理提升、借鉴学习和人员流动的基础上更倾向于向专业管理咨询服务提供者寻求整套的组织提升解决方案。知识服务提供者的丰富的知识、经验，在企业提出要求的基础上深入企业，并且和企业管理人员密切结合，应用科学的方法，找出企业存在的主要问题，进行定量和确有论据的定性分析，查出存在问题的原因，提出切实可行的改善方案，进而指导实施方案，使企业的运行机制得到改善，提高企业的管理水平和经济效益。

②在产品设计和研发方面，由于产品需求不断复杂化，生产企业仅依靠单一知识合作很难掌握复杂产品设计研发需求的所有知识资源。因此制造业产业集群内部逐渐形成围绕核心产品的知识合作系统。产品所需相关技术知识被专业化划分为细分模块，分派给知识合作系统中掌握相关知识资源的主体进行研

发创新。

综合以上分析，企业组织生产过程中的知识合作特征如图 5 - 3 所示。

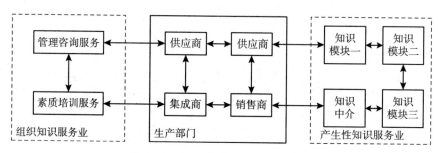

图 5 - 3　组织生产知识服务业特征

5.2　制造业产业集群知识合作创新模型

中信国安钾肥生产链是我国钾肥的供应的重要来源，依据原料含钾资源的不同，氯化钾的生产方法主要分为两大类：一类是从固体钾盐矿中提取，另一类是从含钾卤水中加工提取，后者又分为两种类型，一种是氯化物型含钾盐湖卤水；另一种是海水。由于中信国安位靠青海盐湖，因此采用以盐湖卤水为主原料的生产工艺，然而受自然条件和技术水平的限制，存在着综合利用率低、环境破坏及盐湖原料浪费的情况。这些情况不利于盐湖化工企业的可持续循环发展，同时制约着青海地区的经济进步。在国家倡导建设"美丽中国"的时代背景下，响应循环经济、绿色发展的号召，为探索该厂钾肥生产，促进钾肥生产循环化，本书应用循环仿真系统对氯化钾生产流程进行仿真。该厂现应用冷分解—浮选法工艺法，该工艺稳定，流程简单，所以在我国青海察尔汗地区还有很多厂家采用此法。

5.2.1　知识合作创新过程

知识创新是一个系统的循环的过程，形式上既有知识主体内部的知识创新，又有对知识主体外部知识的吸收与转化。野中郁次郎的 SECI 模型对知识在知识主体内部的动态演化有很好的解释力；系统的知识价值链概念是美国学者 C. K. 霍尔萨普尔（C. K. Holsapple）和 M. 辛格（M. Singh）在 1998 年提出的[157]。其将知识价值链划分为知识获取、知识选择、知识生成、知识内化和知识外化五个过程[158]。

在借鉴他人研究成果的基础上，认为知识的创新过程的主要环节包括知识获取、知识吸收、知识创造、知识输出。知识的获取在操作层面分为知识感知、知识确认和知识选择。因此知识合作创新过程是一个开放的循环的过程，包括：知识感知、知识确认、知识选择、知识吸收、知识创新、知识输出等六个方面。如图 5-4 所示。

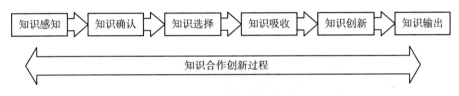

图 5-4 知识创新过程图

①知识感知。制造业集群系统由企业发展需求和产品需求产生对相应知识产品的需求。最初知识感知来源于产品市场，产业链上的各个主体相互作用和产生。进而产生制造业产业链上各个环节的知识需求。

②知识确认。知识合作主体需要对市场产生的知识需求进行识别，分析现有知识要素状况，明确知识需求的具体种类与方向。知识合作主体与终端市场不断交流，确定满足市场需求、产品需求和产业链各个环节的变革和创新的知识需求方案。

③知识选择。确立知识需求方案后，知识合作主体对总体知识需求进行分解，将整体的、系统的、复杂的知识需求，分解为具体的、明确的、单一的知识模块。首先从知识合作主体内部进行知识需求的选择。自身知识水平不能满足的部分从有直接或间接联系的知识主体中进行搜索，进行对比分析，选择满足整体知识需求的最优知识合作方案。

④知识吸收。模块知识生成阶段的核心思想是知识合作，主体间选择一定的形式进行知识合作。知识合作各方主体根据本身的知识特点提供满足知识需求总体方案的不同知识模块，通过知识共享和知识转移，被知识合作需求主体吸收。

⑤知识创新。知识创新阶段是满足知识需求并形成最终知识产品的关键阶段，经过知识吸收阶段的知识转移，知识需求主体吸收的全部知识转移到知识需求主体的核心机构，从而进行知识集成与创新，将具体的、不同种类的知识集成创新为满足知识需求的知识产品。

⑥知识输出。知识创新的价值实现阶段。知识合作主体最终输出知识，形成满足终端市场需求、满足产业链各个环节主体发展需求的知识产品，融入制造业产业链，实现知识到价值的转化。同时形成的知识产品将进入下一次的知识合作创新过程。

5.2.2　知识合作动力分析

知识合作目的是为了谋求个体组织和区域的知识存量和知识转化到产品中的价值的提升，进而提升个体组织和区域的核心竞争力。具体到可操作层面其根本动力源自组织对知识的需求通过前述分析可知制造业产业集群中对知识的需求主要来自三个方面：产品市场的知识需求、组织生产的知识需求和区域发展的环境需求。

产品市场的知识需求。随着市场的发展，终端用户的需求呈现个性化、小批量的趋势，对产品需求日新月异。对产品中的技术和知识服务的需求尤为明显。为适应技术变革带来的市场组织形式的变革整个供应链上所有组织必须对市场需求、库存等信息性知识进行交流合作才能更快做出反应。

组织生产的知识需求。用户对产品的需求最终需要生产工艺和技术的改进来承担。供应商和集成商作为技术的直接需求者谋求技术知识的交流与合作。科研组织、服务机构等也需要通过知识合作将其掌握的技术知识转化为生产力。除组织生产外，企业发展还需要对人力、物力、财力资源进行管理、企业战略进行规划等。尤其在当今社会管理方法层出不穷、发展环境不断变化，企业需要不断交流吸收新的知识进而保持和提高企业的竞争力。

区域发展的环境需求。知识服务业发展不断深入，知识合作过程中分工逐渐细化，合作形式不断创新，因此对区域知识合作环境也有新的需求。原有在生产部门内部完成的知识创新活动被分割出来由不同知识主体来完成，在成果分配和知识产权方面存在发生纠纷风险。需要相关知识主体根据新的合作形式进行知识市场的规范。为降低由企业内部创新转向外部合作带来成本的降低，需要相关的政策支持和引导。当前形势是在产业集群内部形成了错综复杂的知识合作网络，为进一步提高知识合作效率，需要有适当形式的知识合作平台的支持。这些需求构成了区域知识合作发展过程中的对环境的需求。

5.2.3 知识合作创新模型

根据以上分析，可以从微观角度构建出制造业产业集群知识合作创新的理论模型。如图 5-5 所示，产业集群知识合作创新主要是在产品市场知识需求、组织生产知识需求和区域发展环境的需求驱动下，在制造业企业内部及制造业企业与知识服务业间不断进行知识感知、知识确认、知识选择、知识吸收、知识创新、知识输出的一个循环的过程。知识输出既是一个知识合作过程的终点又是一个知识合作过程的起点。参与知识合作的知识主体在经过一轮知识合作过程后，一方面满足了现有知识需求，另一方面也使得本主体知识存量的增加，在新的知识需求的驱动下参与到下一次知识合作循环中。从而达到提升主体本身和区域竞争力的目的。

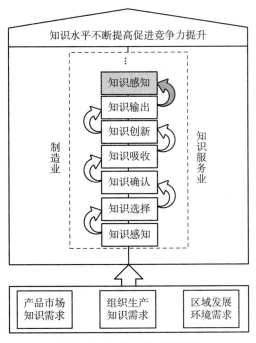

图 5-5 知识合作创新模型

5.3　知识服务业对产业集群知识合作作用机理分析

知识本身也是一种产品，从宏观上分析知识服务业与制造业的关系（注：此处制造业指制造业中的生部门）同样是一种产品提供方和产品使用方的供应链关系。西蒙（Simon）认为，供应链是指企业供应商到最终用户中围绕价值链上下游增值活动的结合[159]。巴尔塔西格鲁（Baltacioglu）等认为，服务供应链是指由服务供应商、服务提供者、顾客和其他支持单元组成为完成生产服务提供资源交易并把这些资源最终转化为客户需求的核心或支持性服务[160]。胡伟把服务供应链理论应用到制造业产业集群的知识服务中，将知识服务供应链主体分为知识服务用户、知识服务供应商和知识服务集成商[161]。综合本书对制造业产业集群知识合作特征的分析，认为集群中知识服务业在知识合作过程中扮演知识提供、知识集成和知识中介的角色。本节将从这三个方面对知识服务业对集群中知识合作的影响进行分析。

5.3.1　知识提供主体作用分析

知识提供主体，是指在知识合作过程中为知识需求方直接或间接提供知识产品的组织或个人。根据知识需求的不同，在制造业产业集群中主要市场咨询服务、管理咨询服务、金融服务、技术研发服务等。知识提供者是知识合作创新过程中知识资源的直接掌控者，他们从知识用户、知识中介和知识集成主体获得知识需求，提供相应的知识服务。是传统产业链上职能部门、技术部门和市场部门的延伸。经过专业化分工促进原有知识创新效率。

结合前文对知识创新各个环节作用的分析可知知识提供主体对知识选择、知识创新和知识输出三个环节影响较大。如表 5 - 1 所示。

表 5 - 1　　　　　　　　知识提供主体影响作用

项目	知识感知	知识确认	知识选择	知识吸收	知识创新	知识输出
知识提供主体影响	较小	较小	较大	较小	较大	较大

5.3.2　知识中介主体作用分析

知识中介的出现可以看作是各种社会经济组织为适应知识经济环境的内生举措之一，在各种社会经济活动中都可能存在知识中介活动。豪威尔斯（Howells）归纳了知识中介在技术创新中的作用，包括促进技术转移和扩散、在创新项目中协调资源的合理配置、促成创新网络的形成、支持客户企业的创新活动[162]。知识中介主体对通过对知识资源和知识需求的双向了解，为知识客户和知识提供主体提供中介服务。协助知识客户进行知识的感知和知识确认，知识提供主体进行知识输出。如表 5-2 所示。

表 5-2　　　　　　　　　　　　知识中介主体影响作用

项目	知识感知	知识确认	知识选择	知识吸收	知识创新	知识输出
知识提供主体影响	较大	较大	较小	较小	较小	较大

5.3.3　知识集成主体作用分析

知识服务集成主体是指整合知识服务需求，辅助分析制造业产业集群内外知识资源，制订知识合作方案，为客户提供综合解决方案的组织。知识集成主体通过搭建知识合作平台对制造业产业集群内知识资源进行整合。知识集成主体既有知识提供主体的特征又提供一定的知识中介服务。但知识集成主体掌握的知识资源比知识提供主体更宽泛，比知识中介更专业。协调知识合作各方主体，规范知识合作流程，营造良好的知识合作环境。因此对知识的感知、知识吸收和知识创新影响比较大。如表 5-3 所示。

表 5-3　　　　　　　　　　　　知识集成主体影响作用

项目	知识感知	知识确认	知识选择	知识吸收	知识创新	知识输出
知识提供主体影响	较大	较小	较小	较大	较大	较小

5.4 制造业产业集群知识合作模型构建

5.4.1 知识服务业的分类

尽管知识服务业在概念上没有一个标准的界定方法和统一的概念，但是关于构成知识服务业的产业分支和企业却存在着一些共识。因此在国外研究中，相关描述通常采用在欧洲越来越流行的一种经济活动的分类方法，其中知识服务业包括计算机及相关活动、研究与开发活动和其他商务服务，每个大类下面还有细分的小类。比如，研究与开发分类中有 2 个子类：自然科学和工程类研究与试验发展、人文社科类研究与试验发展。魏江等对知识服务业分类进行了详细深入的讨论，并对学者们提出的各种知识服务业分类进行统计归纳，明确了文献中涉及的知识服务业外延，并在此基础上指出从服务生产方式维度出发对知识服务业进行分类是简便可行的办法[163]。为了便于利用现有的统计数据，本书参考魏江等的分类方法，结合我国国民经济行业分类（GB/T4754 – 2002）和国际标准产业分类（ISIC Rev 3），基于相关文献中涉及的主要知识服务业行业，将知识服务业分为 4 大类 14 子类。

5.4.2 知识服务业的组成结构

现代社会为了提高管理的专业化程度和工作效率，把组织的任务、目标分成各个层次，各个部门以及各个人的任务和目标，明确各个层次，各个部门乃至各个人应该做的工作以及完成工作的手段、方式和方法。在某个产业中，相应部门的分工越细致，在一定程度上说明这个部门在整个产业中承担任务比重越大、产生的效益越高。应用到在知识服务业中，本书将按照知识服务供应链上不同主体涉及的行业数量来确定该主体在知识合作过程中对知识合作创新过程中的影响系数。

结合前述对制造业中知识服务业的特征分析和知识服务业的分类方法，将不同知识服务行业分别归结为知识提供主体、知识中介主体、知识集成主体。其中知识提供主体涉及 33 个行业，占比 47.8%；知识中介主体涉及 24 个行业，占比 34.8%；知识集成主体涉及 12 个行业，占比 17.4%。知识提供主体主要集中于科技服务业和商业服务业两个大类；知识中介主体主要集中于信息与通讯服务业和金融业两个大类；知识集成主体主要集中于科技服务业与信息与通讯服务业两个大类。

5.4.3 知识合作模型

综合前述分析，制造业产业集群知识合作系统模型如图 5－6 所示。运行于制造业内部的知识创新活动，随着分工细化和知识服务业的发展不断外化。形成以集群中核心产品为中心的制造业与知识服务业协同创新的知识合作网络。围绕知识创新的六个环节，在三种知识需求的驱动下循环向上发展。不断形成新的知识产品，促进产业集群发展，提高竞争力。

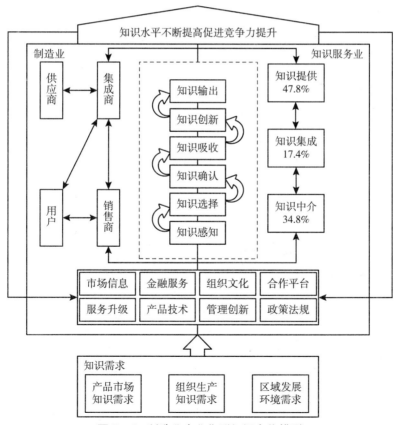

图 5－6 制造业产业集群知识合作模型

5.5 知识合作网络结构量化分析

在前述章节中从理论上分析了知识服务业各主体对合作创新的影响机理。从宏观上揭示了在制造业产业集群中知识合作创新的动力和运行机制。近年来，在制造业产业集群中知识服务分工逐渐细化，知识服务主体在数量和种类上不断增加，知识服务业嵌入后原有制造业知识合作网络变得错综复杂。如图5-7、图5-8所示，从宏观上对比了传统制造业产业集群和知识服务业嵌入型集群知识合作网络的区别。

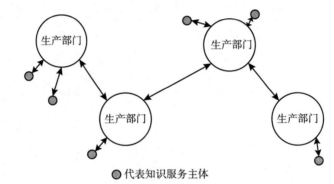

● 代表知识服务主体

图5-7 传统制造业产业集群知识合作网络

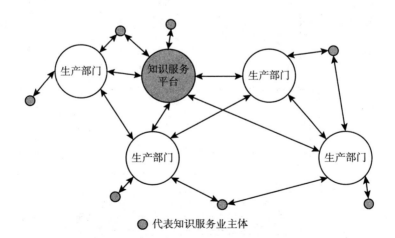

● 代表知识服务业主体

图5-8 知识服务业嵌入型制造业产业集群知识合作网络

知识服务逐渐专业化，不仅知识服务主体数量增多规模变大，而且不再仅附庸于生产主体，而是成网状结构涉及生产各个环节；有些集群甚至形成专门的知识服务平台为集群发展升级提供知识保证。因此，为探求知识服务业的形成对制造业的影响机理尚需对知识合作网络的结构进行量化分析。

5.5.1　分析方法的选择

（1）选择

对于网络结构的研究通常使用的研究方法有复杂网络研究、共生网络研究和社会网络研究。

复杂网络与复杂性密切相关，不同领域的专家都认识到，复杂性具有共同的复杂网络架构。由此可见，复杂网络通过复杂性涉及到各种类型的关系，包括社会、经济、技术、信息等方面的关系。复杂网络是在计算机上对规则网络进行断边与重连的仿真或者是采用增长与偏好的机制在计算机上生成的，他具有涌现的特性；也是在对互联网这样规模极大的网络的研究中出现。

产业间共生网络是一种特殊的产业网络，它是仿自然生态系统的一个网络体系，由存在于一定空间内的产业组织之间以及产业组织与共生环境之间通过网络联结的方式不断进行物质、信息和能量的交换，进而实现全面有效的共生合作过程中所形成的有机组织系统。

社会网络是指社会个体成员之间因为互动而形成的相对稳定的关系体系，社会网络关注的是人们之间的互动和联系，社会互动会影响人们的社会行为。社会网络也是一种 DTN 中研究的网络形态，其特点与传统意义上的社会有相同之处。社会网络以网络中的行动主体为节点（node）构成社会结构，节点与人节点之间通过相互依赖关系联结起来。相互依赖关系是节点之间存在的与研究对象相关的社会性关系。

复杂网络用于研究含有庞大节点的复杂关系网络，侧重网络结构的研究，对节点之间的关系的社会性关注较为弱化。然而制造业产业集群中知识合作网络之间的关系有社会属性，属于人类社会系统，对于关系的描述需要考虑社会因素，将关系绝对量化研究，会漏掉诸多影响因素。生物群落从生物共生关系的角度出发，侧重于研究网络中节点之间定性的关系。但是在制造业产业集群中由于知识服务业不断发展，形成的错综复杂的关系网络。对于这种关系网络的深入研究需要在理论模型的基础上进行关系结构的量化研究。因此本书选择基于社会网络思想根据知识合作关系的理论模型，分析总结网络中存在的关系网络类型，进而采用社会网络分析法对相应的关系网络结构进行量化分析与研究。以期能进一步揭示知识合作网络中知识服务业的作用机理。

（2）工具介绍

"社会网络"指的是社会行动者（如个体、群体、组织等）及其之间的关系（人与人之间的信息、知识流动，或者企业间的贸易、投资等）。从事社会网络分析研究的学者认为"社会结构"建立在"社会关系"之上。社会网络分析法的分析单位主要不是行动者，而是行动者之间的关系。通过对社会网络关系数据的收集和分析来揭示社会结构。1999 年，哈佛大学的汉森首次从社会网络和社会关系视角对知识合作和转移进行研究[164]。后来经过克罗斯等学者的倡导和推广，社会网络理论和社会网络分析方法也逐渐被引入到知识管理领域。

UCINET 软件是社会网络分析中最常用的分析软件，可以进行整体结构分析、中心性分析、角色分析、凝聚子群的分析等，具有很强的矩阵运算能力。该软件包括一维与二维数据分析的 NetDraw。Netdraw 是网络可视化软件，它可以同时处理多个节点和多种关系，并把这些节点和关系用网络图的形式显示出来。用 Netdraw 绘制的社会网络图，可以使我们清楚地观察到知识流动的方向，发现网络中的关键节点和特殊节点。

（3）形式化描述

社会网络分析是对行动者之间的社会关系进行量化研究，首先要使用数学方法对社会网络进行形式化描述。从数学角度上讲，有两种方法可以描述社会网络：社群图法和矩阵代数法。用社群图法表示社会网络图由一组代表行动者的节点 $N = \{n_1, n_2, \cdots, n_i\}$ 及代表行动者之间的关系的线 $L = \{l_1, l_2, \cdots, l_j\}$ 所组成。如图 5 - 9 所示节点 $N = \{a, b, c, d, e\}$，连线 $L = \{(a, b),$

（b，c），（c，d），（c，e），（d，e）}。社群图可以转换到社会关系矩阵，即社会网络的矩阵表达法。根据表达不同的网络关系可分为邻接矩阵、发生阵和隶属关系矩阵。如表 5–4 所示，为衡量行为者间有无某种关系及其强度邻接矩阵或发生阵。矩阵表达法是计算机存储及定量分析的基础。

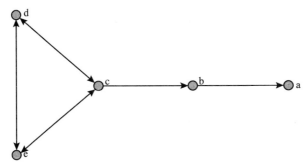

图 5–9 社会网络社群图

表 5–4   社会网络矩阵

	a	b	c	d	e
a	—	1	0	0	0
b	1	—	1	0	0
c	0	1	—	1	1
d	0	0	1	—	1
e	0	0	1	1	—

5.5.2 合作关系分析

（1）影响知识合作的关系网络分析

对集群知识合作网络进行社会网络分析，首先需要选取组织之间适当的社会关系，来构建网络关系矩阵。社会关系的选取取决于对知识合作创新过程相社会关系。在知识共享、知识创新领域较为常见的选取四种关系网络进行分析，殷国鹏等选取了知晓网络、沟通网络、咨询网络和知识网络[165]，杜慧娟选取了知晓网络、沟通网络、关系网络和知识网络[166]。值得指出的根据虽然多数研究者选取的网络名称相似，但是根据研究对象和侧重点的不同相应的网络内涵有较大的差异。相应的调研问卷也要根据研究对象和问卷设计经验进行设计。制造业产业集群中各方参与主体的调研，本书从以下 4 类不同内涵的关系网络进行问题的设计，如表 5-5 所示。

表 5-5　　　　　　　　　　产业集群知识合作中的四类网络结构

网络类型	网络内涵	问题设计
知晓网络	网络中的主体对于网络中其他主体所掌握的知识资源的了解程度——对知识的感知、确认、选择有影响	集群中您所知道的企业有哪些？对于这些企业的业务及技能范畴是否了解
沟通网络	网络中的主体可以互相访问得到，能够方便低成本的沟通——知识在集群中传播的成本	您是否经常联系集群中的其他企业？是否可以方便、及时地联系到其他企业的主要负责人？是否有他们的电话、Email、即时通信方式等？您经常与哪些企业的人进行面谈沟通
中介网络	网络中的主体为其他主体起中介人作用的能力——反映主体之间的关系联结状况，使陌生主体间建立知识传播途径，从而扩大知识的传递范围	您通过哪些主体企业结识了更多的企业
知识网络	网络主体之间知识的真实交流、传播情况——反映集群中组织间的知识合作、传播、创新能力	您在学习、工作、研究过程中，从哪些企业那里获得过对贵公司的问题解决或研究有实质性帮助的相关知识

这四类关系网络具有一定程度递进关系，知晓网络及沟通网络是关系网络的基础，而知识网络则反映了组织间知识的实际流动、合作的状况。根据上述四类网络的不同进行问卷设计并搜集数据，根据收集数据得到当前集群中知识合作网络的关系矩阵，为下面的分析工作提供数据支持。

（2）社会网络中的结构指标及其意义

根据社会网络理论和制造业产业集群知识合作特性，我们可以基于社会网络分析对产业集群知识合作网络描述如下：

①大小。大小是指图中节点的数量，用 N 表示。

指集群中知识合作主体的数量。集群网络的大小将是影响知识传递的重要因素。因为知识的传递将会受到资源及能力的限制，集群网络中有十个行动者时，彼此间知识传递是很简单的，但当有一百个甚至更多的行动者（企业）时，所有行为者（企业）彼此间就会因为资源的竞争性，市场的争夺性，扩大其对知识的需求程度，从而寻求更广阔的知识挖掘空间。

②密度。密度代表产业集群行为者彼此间的紧密程度，意即集群中行为者的联结程度，集群密度衡量公式为：

$$\text{Density}(G) = E/N(N-1), \ 1/(N(N-1)) \leqslant \text{Density}(G) \leqslant 1$$

式中，该密度值越接近 1 则代表彼此间关系越紧密。其中 N 为集群大小，E 为图中包含的边的数量，即集群内主体之间的所有关系的个数。

③点度中心度。中心度代表某特定点联结数目，在产业集群中的含义为每个企业跟多少企业有关系，也就是有多少有直接关系的主体，也表示企业可能接触到和接收到的社会资源或是权力多寡，从而显著地影响着集群知识的获取途经。

④点度中心势。用以刻画整体网络的中心度。其定义由如下思想：首先找到图中的最大中心度数值；其次计算该值与任何其他点的中心度的差，从而得到多个"差值"；再次计算这些"差值"的总和；最后用这个总和除以各个差值总和的最大可能值。

⑤距离。在网络图中如果两个节点可以直接或间接连接，则我们说这两个节点之间有路径存在。在简单非赋值图中，距离指两个节点之间路径中所包含的线的数目。节点之间距离可以显示节点所拥有的机会与限制。同时距离也可以让我们了解集群内知识传播的情况，当距离越大时则表示要越长的时间才能将知识传播到整个集群网络。集群中的距离变量采用所有企业的距离，加以计算出平均与标准差，用来代表集群中主体间的靠近程度，从而反映出企业间信息交流的频度与尝试，以此来影响知识的传播与合作。

⑥接近中心度。中心度刻画单个行动者在网络中所处的核心位置，它表示的是行动者的局部中心指数，测量网络中行动者自身的交流能力。在集群中，如果一个主体的中心度越大，则说明他在该群体中的知识交流能力越强。

⑦接近中心势。中心性研究一个行动者在多大程度上居于其他两个行动者之间，是一种"控制能力"指数。居于高中心性的企业往往介于其他主体之间，是桥梁企业。因此桥梁企业的控制能力能联结更多的主体使集群形成一个

互动联系的团体，增加集群知识传播的网络密度。更大的联结效应也将使隐藏于集群内部的知识得以挖掘。

⑧派系。派系常常指这样一个子群体，即其成员之间的关系都是互惠的，并且不能想其中加入任何一个成员而不改变这个性质。在一个图中，"派系"指的是至少包含三个点的最大完备子图。

派系是集群中具有高关系强度的小团体，这一方面，可以降低合作成本，促进知识合作效率；另一方面，如果没有进行很好的引导，会不利于异质性知识的进入，形成固化的合作形式。

⑨n – 派系。"派系"是最大的完备子图，这个概念过于严格，要求合作主体之间必须有直接联系。但很多重要的社会过程都是通过中介者达成的。因此建立在可达性基础上的凝聚子群要求一个子群的成员之间的距离不能大。以n作为临界值的凝聚子群就称为n – 派系。很显然n – 派系更适合研究实际的社会网络。

(3) 选取社会网络指标

四种关系网络是知识合作过程中需要涉及的四种知识合作资源。从个体网络角度描述的是产业集群中知识主体所掌握的不同的知识合作相关资源的情况。从整体网络角度描述的是产业集群整体的知识合作资源配置结构。对应关系网络中相关社会网络指标是对这种配置结构的数量化描述。

研究知识服务业的嵌入一定程度上改变了制造业产业集群知识合作网络的结构。研究相应关系网络中知识服务业嵌入前后，此关系网络的社会网络指标的变化。可以进一步揭示知识服务业对制造业产业集群知识合作网络的影响机理。结合前述对社会网络指标的介绍，本书选取密度、平均距离、点度中心度、点度中心势和派系进行分析。

5.5.3 知识服务业特征对网络结构的影响

知识提供主体在有知识需求时，向知识需求方直接提供知识资源，或者通过知识中介主体和知识集成主体与知识需求方间接连接。因此，此类节点绝对度数相对较低。但其连接的对象往往相对专一，为处于当前知识合作过程的核心主体。另根据本书第2章对知识服务业组成结构的分析，知识提供主体在知识服务业中比重较大。综上分析，知识提供主体在个体网络方面，会影响关键企业的中心度；在整体网络方面，会影响平均距离、中心势。由于数量较多，所以对密度影响不明显。中派系的数量和结构的影响尚不明确。

（1）知识中介主体的影响

知识中介主体连接不同的知识提供主体和知识需求方，往往绝对度数较高，对网络密度有一定影响。中介主体连接对象相对杂乱，分布于各个行业，因此对网络节点中心度和中心势影响较弱。中介主体的桥梁作用会拉近原本相距较远的节点，降低网络的平均距离。同时中介主体可能成为两个派系之间的沟通桥梁，增进派系之间节点关系，从而影响派系的结构。

（2）知识集成主体的影响

前述分析知识集成主体集合了知识提供和知识中介的特征，集成主体围绕某个知识需求与参与该需求知识合作各方主体建立联系。其绝对度数较高，对网络密度有一定影响。其桥梁作用和相对中介主体的更加专业化的特点，会强化派系内部关系，影响关键节点中心度，并提高网络整体中心势。

综合分析知识服务业不同主体对社会关系网络结构的影响如图所示，影响分为明显、不明显、不清楚。如表 5-6 所示。

表 5-6　　　　　　　　不同知识主体对网络结构的影响

项目	密度	中心度	中心势	平均距离	派系
知识提供主体	一般	大	大	一般	不明确
知识中介主体	大	一般	一般	大	大
知识集成主体	一般	大	一般	一般	大

知识提供主体在有知识需求时，向知识需求方直接提供知识资源，或者通过知识中介主体和知识集成主体与知识需求方间接连接。因此，此类节点绝对度数相对较低。但其连接的对象往往相对专一，为处于当前知识合作过程的核心主体。另根据本书第 2 章对知识服务业组成结构的分析，知识提供

主体在知识服务业中比重较大。综上分析，知识提供主体在个体网络方面，会影响关键企业的中心度；在整体网络方面，会影响平均距离、中心势。由于数量较多，所以对密度影响不明显。中派系的数量和结构的影响尚不明确。

5.6 潍坊重型机械制造业产业集群知识合作网络分析

5.6.1 获取数据

（1）集群介绍

潍坊位于环渤海地区与山东半岛的连接地带，市域的咸淡水分界线以北地区共有滨海平原2657平方公里；滩涂447平方公里；地下卤水总储量约60亿立方米。这些卤水资源开采后，可转化成大量的原盐、纯碱、烧碱、氯化镁、硫酸镁、硫酸钙、氯化钾、溴素等基础性化工原料。此外，当地的石油、天然气资源也很丰富。这里还有大片的工矿存量用地，在发展化工产业方面有得天独厚的优势和条件。

山东省潍坊市不断加大海洋经济产业园区建设，初步形成高端装备制造、海洋化工、新能源三大优势产业链条，以产业集群凝聚区域竞争力，打造蓝色经济发展新优势。在蓝色经济区建设中，潍坊市坚持高端高质高效产业发展方向，以提高产业核心竞争力为目标，以发展现代蓝色产业集群为重点，以培育战略性新兴产业为方向，突出园区、基地、企业和品牌载体作用，全力打造高技术含量、高附加值、高成长性的现代蓝色高端产业集群。

海洋化工产业发展方面，以中海油海化、昌邑海天生物等大型企业集团为龙头，引导海洋化工产业向园区和产业带集聚发展，培育壮大盐化工、溴化工、苦卤化工、精细化工等系列产品，形成以两碱、溴素为主导，以碱、溴延伸产品为基础的高度关联、互为依托、滚动增值的海洋化工循环经济产业链，提高海洋化工国际竞争力。到2015年，海洋化工规模以上企业实现主营业务收入 500 亿元，利税 85 亿元，建成全国最大、产品技术和工艺装备具有世界先进水平的海洋化工产品基地。今后 10 年，原盐产量稳定在 1500 万吨左右，培育一批年产销量过百万吨、具有综合优势的大型盐业企业。

石油化工产业方面，依托中海油海化、弘润石化、昌邑石化等骨干企业，重点发展石油精细化学品、新型高分子材料等，促进盐化工和石油化工两大产业有机结合，推进中海油海化集团油盐化工产品接续利用等重大循环项目建设，着力发展一批精、专、特、新化工产品，建设具有国际化水平的石油化工产业集群。力争 5 年内全市石化装置年综合加工能力达到 4000 万吨，打造成千亿级石化产业链。

机械装备制造业方面，以成套装备制造为主攻方向，突出船舶修造、汽车及零部件、工程装备制造三大重点。把提高海洋装备制造业水平作为优先发展的重点，把我市打造成全省特色鲜明的现代海洋装备制造业基地。船舶修造业，立足建设特色修造船基地和船舶动力基地，加强研发设计能力，进一步提高产业集中度和船舶配套能力。汽车及零部件制造，以潍柴动力、福田诸城汽车、凯马汽车、荣昊汽车等企业为龙头，突破关键技术、关键零部件研发及产业化。依托北汽福田新能源汽车、比德文动力、广生新能源等骨干企业，加快新能源汽车研发生产，培育电动、混合动力、锂离子电动电池等一批整车和配套产业的自主化品牌，积极争取新能源汽车基地列入国家级特色产业基地。工程装备制造业，大力发展大功率柴油机、煤矿机械、大型工程装备、海洋机械装备等，重点发展以海洋装备零部件配套生产为主的海洋工程装备，促进装备制造业向集群化、信息化、服务个性化和产品高新技术化发展。

本书选取主要集中于潍坊市区的重型机械制造业产业集群进行研究，该集群主要在整车组装和发动机生产两个核心生产环节的带动下发展起来的。截至 2012 年 12 月共有生产型企业 80 多家。与集群中关系比较密切的知识服务型企业和组织有 20 多家。今年来，坚持走新型工业化道路，推动工业化与信息化相融合，积极进行知识合作创新，促进传统产业高端化。

（2）获取数据方法

要分析集群中知识合作的共享与传播过程，必须对集群企业间的网络结构、网络特性以及企业之间的关系进行更细微的分析。为此，本书通过网络资料数据搜集整理的方法，对潍坊集群知识合作传播相关数据进行了整理分析。

在企业网络中，行为主体间的关系构成了知识流，他们的知识交易过程在互惠的基础上是由正式和非正式因素共同协调的，如商品和服务的传送，信息和知识的扩散，信任和友谊的发展等。因此，我们在搜集数据时，除了考察反映企业（或机构）之间是否了解彼此业务范畴及技能程度等所形成的"知晓网络"外，还考察了反映企业之间是否经常有不同程度沟通的"沟通网络"、反映企业中介优势的"中介网络"，以及反映企业间真实的知识交流情况的"知识网络"等。通过对此四类网络的分析比较，就能基本上看出不同企业在集群的知识合作交流与共享网络中所承担的角色及所做出的贡献，从而有利于找出进一步促进集群知识合作网络良性发展的措施。

我们遵循以下准则对潍坊集群知识网络数据进行搜集：一是生产经营类企业数量超过研究企业总数的 1/10；二是代表性准则。即搜集数据时要兼顾不同规模、不同类型（如垂直一体化企业和中间产品生产企业兼顾，生产经营企业和家庭工厂兼顾）的差异化企业。以此为依据，我们在集群中选择了发动机、零部件、设备租赁、整机组装加工共 20 家企业。

搜集了相关知识服务型企业和组织，共 10 家组织数据，其中 5 家属于知识提供主体，3 家属于知识中介主体，2 家属于知识集成主体。共形成总样本数 30 的研究对象。我们应用社会网络分析方法（SNA）及其分析软件 UCINET6.9，对潍坊集群企业的知晓网络、沟通网络、关系网络与知识网络的网络特性和网络结构进行分析。数据主要来源于问卷调查，并结合反应主体关系的其他数据来源，对原始数据进行补充和完善。

首先将所有搜集到的样本企业及其与之有联系的知识服务主体（如行业协会、大学科研院所、法律咨询部门和金融机构等）编号并列出名单，然后针对每一个关系问题，搜集关系信息。其次根据搜集到的信息对主体之间的关系进行 0~1 化处理。将明显具有相关网络关系节点之间关系赋值 1，对没有关系或关系不明显的节点之间关系赋值为 0。最后将所有节点两两之间的关系数据用矩阵表示，就得到 4 个 3×30 的关系矩阵。利用 UCINET6.90 进行分析，再联系潍坊产业集群企业背后的社会关系，就能初步找出集群企业的网络结构。

　　研究中要系统分析计算企业网络的结构特性，必须要区分分析的层次。要分清单个节点位置与整个网络特性的不同。在社会网络分析方法和 UCINET6.9 软件中，用点度中心度指标和中间中心性指标测量单个节点在网络结构中所处地位，用网络密度和凝聚子群测量整体网络结构的指标。

5.6.2　原始网络结构

(1) 知晓网络

　　本书的知晓网络是指由企业之间的知晓关系所构成的网络。对于企业的知晓网络，本书通过对"节点企业所知道的集群中的企业情况及种类"进行搜集，笔者通过对搜集到的数据进行整理最终确定集群企业的知晓关系。分别将他们的知晓关系矩阵录入 UCINET6.9 分析软件，如图 5-10 所示。

	LW	HJ	NS	WC	JL	LY	YQ	DT	SZ	XA	WY	HM	LF	JC	GX	TJ	WHD	DL	BD	SK	WZ	BJ	FJ	XM	CY	HD	GZ	SJ	WQ	WX
LW	0	0	0	1	0	0	0	0	1	0	0	0	1	0	0	0	0	0	1	1	0	1	0	1	0	1	0	0	1	1
HJ	0	0	0	0	0	0	1	0	0	1	0	0	1	1	0	0	1	0	0	0	0	0	0	0	0	0	1	1	1	0
NS	0	0	0	0	0	0	0	0	0	0	0	0	0	0	0	1	0	0	0	0	0	0	0	0	0	0	0	0	0	1
WC	1	0	0	0	1	0	0	1	0	1	0	0	0	0	0	0	0	1	1	0	0	1	0	1	0	1	0	1	1	0
JL	0	0	0	1	0	0	0	0	0	0	0	0	0	0	0	0	0	0	0	0	0	0	0	0	0	1	0	0	0	0
LY	0	0	0	0	0	0	0	0	0	0	0	0	0	0	0	0	0	0	0	0	0	0	0	0	0	0	0	0	0	0
YQ	0	0	0	0	0	0	0	0	0	0	0	0	0	0	0	0	0	0	0	0	0	0	0	0	0	0	0	0	0	0
DT	0	1	0	0	0	0	0	0	0	0	0	0	0	0	1	0	0	0	0	0	0	0	0	0	0	0	0	0	0	0
SZ	0	0	0	1	0	0	0	0	0	0	0	0	1	0	0	0	0	0	0	0	0	0	0	1	1	0	0	0	0	0
XA	1	0	0	0	0	0	0	0	0	0	0	0	0	0	0	0	0	0	0	0	0	0	0	0	0	0	0	0	0	0
WY	1	0	0	0	0	0	0	0	0	0	0	0	1	0	0	0	1	0	0	0	0	0	0	0	0	0	0	0	0	0
HM	1	0	0	0	0	0	0	1	0	0	0	0	0	1	0	0	0	1	0	0	0	0	0	0	0	0	0	0	0	0
LF	0	0	0	0	0	0	0	0	0	0	0	0	0	0	0	0	0	1	0	1	0	0	0	0	0	0	0	0	0	0
JC	1	1	0	0	0	0	0	0	0	0	0	1	0	0	0	0	0	0	0	0	0	0	0	0	1	0	0	0	0	0
GX	0	1	0	0	0	0	0	1	0	0	0	0	0	0	0	0	0	0	0	0	0	0	0	0	0	0	0	0	0	0
TJ	0	0	0	0	0	0	0	1	0	0	0	0	0	0	0	0	0	0	0	0	0	0	0	0	0	0	0	0	0	0
WHD	0	0	1	0	0	0	0	0	0	0	0	0	0	0	0	0	0	0	0	0	0	0	0	0	0	0	0	0	0	1
DL	0	0	0	0	0	0	0	0	0	0	0	0	0	0	0	0	0	0	0	0	0	0	0	0	0	0	0	0	0	0
BD	0	0	0	1	0	0	0	0	0	0	0	0	0	0	0	0	0	1	0	0	0	0	0	0	0	0	0	0	0	0
SK	1	0	0	1	0	0	0	0	0	0	0	0	0	0	0	0	0	0	1	0	0	0	0	0	0	0	0	0	0	0
WZ	0	0	0	0	0	0	0	0	0	0	0	0	0	0	0	1	0	0	1	0	0	1	0	0	0	0	0	0	0	0
BJ	0	0	0	0	0	0	0	0	0	0	0	0	0	0	1	0	0	0	0	0	1	0	0	0	0	0	0	0	0	0
FJ	0	0	0	0	0	0	0	0	0	0	0	0	0	0	0	0	0	0	0	0	0	0	0	0	0	0	0	0	0	1
XM	0	0	0	1	0	0	0	0	0	0	0	0	0	0	0	0	0	0	0	0	0	0	0	0	0	0	0	0	0	0
CY	1	0	0	0	0	0	1	0	0	0	0	0	0	0	0	0	0	1	0	0	0	0	0	0	0	0	0	0	0	0
HD	1	0	0	0	0	0	0	0	0	0	0	0	0	0	0	0	0	0	0	0	0	0	0	0	0	0	0	0	0	0
GZ	0	0	0	0	0	0	0	0	0	0	0	0	0	0	0	0	0	0	0	0	0	0	0	0	0	0	0	0	0	0
SJ	0	0	0	0	0	0	0	1	0	0	0	0	0	0	0	0	0	0	0	0	0	0	0	0	0	0	0	0	0	0
WQ	1	1	0	0	0	0	0	0	0	0	0	0	0	0	0	0	0	0	0	0	0	0	0	0	0	0	0	0	0	0
WX	1	0	1	0	0	0	0	0	0	0	0	0	0	0	0	0	0	1	0	0	0	0	0	0	0	0	0	0	0	0

图 5-10　知晓网络关系矩阵

将潍坊装备制造业集群知晓网络矩阵的数据保存之后，我们就可以运用这些数据来研究各企业节点间的社会知识关系。运用 UCINET 菜单中的可视化下的 NetDraw 绘制知晓网络的拓扑图，如图 5 – 11 所示。其中 A 节点表示生产部门主体，B 节点表示知识服务业中知识提供主体，C 节点表示知识中介主体，D 节点表示知识集成主体。

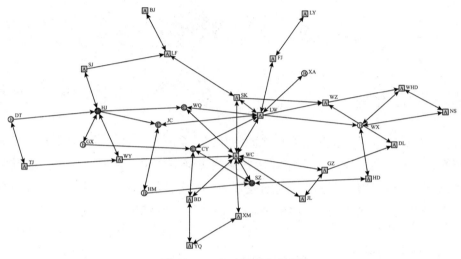

图 5 – 11　知晓网络拓扑图

①使用 UCINET 软件下的"Network/Cohesion/Density"生成该知晓网络的网络密度，如图 5 – 12 所示。

Relation：知晓

Density（matrix average）=0.1057
Standard deviation=0.3075

图 5 – 12　知晓网络密度

②使用 UCINET 软件下的"Network/Centrality/Degree"生成该知晓网络的点度中心度数据，如图 5 – 13、图 5 – 14 所示。由图中可知点度中心度最高的两个节点为 LW 和 WC，绝对点度中心度均为 9，相对点度中心度为 31.034%。网络点度中心势为 21.92%。

		1 Degree	2 NrmDegree	3 Share
1	LW	9.000	31.034	0.098
4	WC	9.000	31.034	0.098
2	HJ	6.000	20.690	0.065
25	CY	4.000	13.793	0.043
20	SK	4.000	13.793	0.043
21	WZ	4.000	13.793	0.043
30	WX	4.000	13.793	0.043
9	SZ	4.000	13.793	0.043
14	JC	3.000	10.345	0.033
17	WHD	3.000	10.345	0.033
11	WY	3.000	10.345	0.033
27	GZ	3.000	10.345	0.033
13	LF	3.000	10.345	0.033
29	WQ	3.000	10.345	0.033
19	BD	3.000	10.345	0.033
7	YQ	2.000	6.897	0.022
3	NS	2.000	6.897	0.022
18	DL	2.000	6.897	0.022
16	TJ	2.000	6.897	0.022
5	JL	2.000	6.897	0.022
28	SJ	2.000	6.897	0.022
8	DT	2.000	6.897	0.022
23	FJ	2.000	6.897	0.022
24	XM	2.000	6.897	0.022
26	HD	2.000	6.897	0.022
12	HM	2.000	6.897	0.022
15	GX	2.000	6.897	0.022
10	XA	1.000	3.448	0.011
6	LY	2.000	3.448	0.011
22	BJ	1.000	3.448	0.011

图 5 - 13　知晓网络点度中心度

DESCRIPTIVE STATISTICS

		1 Degree	2 NrmDegree	3 Share
1	Mean	3.067	10.575	0.033
2	Std Dev	1.914	6.599	0.021
3	Sum	92.000	317.241	1.000
4	Variance	3.662	43.546	0.000
5	SSQ	392.000	4661.118	0.046
6	MCSSQ	109.867	1306.381	0.013
7	Euc Norm	19.799	68.272	0.215
8	Minimum	1.000	3.448	0.011
9	Maximum	9.000	31.034	0.098

Network Centralization=21.92%
Heterogeneity=4.63%. Normalized=1.34%

图 5 - 14　知晓网络点度中心势

③使用 UCINET 软件下的"Network/Cohesion/Distance"生成该知晓网络的节点之间的距离数据，如图 5 - 15 所示。网络平均距离为 2.839，即平均每个节点需通过 2.839 个节点可以与目标节点进行连接。

between them.

Average distance   =2.839

Distance–based cohesion（"Compactness"）=0.424

（range 0 to 1；lavger values indicate greater cohesiveness）

Distance–weighted fragmentation（"Breadth"）=0.576

Geodesic Distances

```
                    1 1 1 1 1 1 1 1 1 1 2 2 2 2 2 2 2 2 2 2 3
          1 2 3 4 5 6 7 8 9 0 1 2 3 4 5 6 7 8 9 0 1 2 3 4 5 6 7 8 9 0
          L H N W J L Y D S X W H L J G T W D B S W B F X C H G S W W
          - - - - - - - - - - - - - - - - - - - - - - - - - - - - - -
 1  LW    0 2 2 1 2 2 3 3 2 1 2 2 2 1 2 3 2 2 2 1 1 3 1 2 1 2 2 3 1 1
 2  HJ    2 0 4 2 3 4 4 1 3 3 1 2 2 1 1 2 4 4 3 3 3 3 3 2 4 3 1 1 3
 3  NS    2 4 0 3 4 4 5 5 3 3 4 4 4 3 4 5 1 3 4 3 2 5 3 4 2 4 5 3 1
 4  WC    1 2 3 0 1 3 2 3 1 2 1 2 2 2 3 2 3 2 1 1 2 3 2 1 2 2 1 3 1 2
 5  JL    2 3 4 1 0 4 3 4 2 3 2 3 3 3 4 3 4 4 2 2 3 4 3 2 3 3 1 4 2 3
 6  LY    2 4 4 3 4 0 5 5 4 3 4 4 4 3 4 5 4 3 4 3 5 1 4 3 4 4 5 5 3 3
 7  YQ    3 4 5 2 3 5 0 5 3 4 3 4 4 3 4 5 4 1 3 3 5 4 1 2 4 3 5 3 4
 8  DT    3 1 5 3 4 5 5 0 4 4 2 3 3 2 2 1 5 5 4 4 4 4 4 3 5 4 2 2 4
 9  SZ    2 3 3 1 2 4 3 4 0 3 2 1 3 2 2 3 3 3 2 2 3 4 3 2 1 1 2 4 2 2
10  XA    1 3 3 2 3 3 4 4 3 0 3 3 2 3 3 2 2 4 2 3 2 4 2 3 2 3 3 4 2 2
11  WY    2 1 4 1 2 4 3 2 2 3 0 3 2 1 3 4 1 3 3 2 3 4 3 2 3 2 3 2 2 3
12  HM    2 2 4 2 3 4 4 3 1 3 3 0 4 1 3 4 4 4 3 3 3 5 3 3 2 2 3 3 3 3
13  LF    2 2 4 2 3 4 4 3 3 2 2 4 0 3 4 3 3 3 1 2 1 3 3 4 3 1 3 3
14  JC    1 1 3 2 3 3 4 2 2 2 1 3 0 2 3 3 3 3 2 1 2 3 3 3 2 3 3 2 2
15  GX    2 1 4 3 4 3 2 2 3 2 3 2 0 3 4 4 3 4 3 4 1 3 4 2 2 3
16  TJ    3 2 5 2 3 5 4 1 3 4 1 4 4 3 3 0 5 4 3 3 4 5 4 3 4 4 3 3 3 4
17  WHD   2 4 1 3 4 4 5 5 3 2 1 4 3 3 4 5 0 2 4 2 1 4 3 4 3 2 3 4 3 1
18  DL    2 4 3 2 4 3 1 5 3 4 3 4 3 3 4 4 2 0 3 2 1 4 3 3 4 1 4 3 3
19  BD    2 3 4 1 2 4 1 4 2 2 3 3 1 2 3 3 4 3 0 2 3 4 3 2 1 3 2 4 2 3
20  SK    1 3 3 1 2 3 3 4 2 3 2 3 2 1 3 3 2 2 2 0 1 2 2 2 2 2 3 2 2 2
21  WZ    1 3 2 2 3 3 4 4 2 3 3 4 1 1 3 1 3 1 0 3 2 3 2 3 2 3 2 2
22  DJ    3 3 5 3 4 5 5 4 4 4 4 5 3 4 4 5 4 4 2 3 0 4 4 4 5 4 2 4 4
23  FJ    1 3 3 2 3 1 4 4 3 2 3 3 3 3 3 4 3 3 2 2 4 0 3 2 3 3 4 2 2
24  XM    2 3 4 1 2 4 1 4 2 3 3 3 4 3 3 2 2 3 3 4 3 0 3 2 4 3 3
25  CY    1 2 3 2 3 3 2 3 1 2 3 2 4 2 3 4 2 3 0 2 3 3 2
26  HD    2 4 2 2 4 4 5 1 3 3 4 2 1 4 2 4 3 3 3 5 3 3 2 0 3 5 3 1
27  GZ    2 3 4 1 4 3 2 2 3 2 3 3 1 2 2 4 3 2 3 3 4 2 3 0 4 2 3
28  SJ    3 1 5 3 4 5 5 2 4 4 2 3 1 2 4 3 4 4 2 3 2 4 4 4 3 5 4 0 2 4
29  WQ    1 1 3 1 2 3 3 2 2 2 2 3 3 3 2 2 2 2 2 2 3 2 2 0 2
30  WX    1 3 1 2 3 3 4 4 2 2 3 3 2 2 3 3 4 1 3 3 2 2 4 2 3 1 3 4 2 0
```

图 5 –15　知晓网络距离数据

④使用 UCINET 软件下的"Network/Subgroups/N – Cliques"。设置 N 取 2。生成该知晓网络的 2 – 派系数据，如图 5 –16 所示。数据表明该集群中存在 27 个派系。

```
30
27  2-cliques found.

 1:   LW  WC  JL   SZ  WY  BD  SK  XM  GZ  WQ
 2:   LW  WC  SZ   WY  JC  SK  WQ
 3:   LW  WC  SZ   JC  SK  CY  WQ  WX
 4:   LW  WC  SZ   BD  SK  CY  WQ
 5:   LW  WC  XA   JC  SK  WZ  FJ  CY  WQ  WX
 6:   LW  WC  SK   WZ  GZ  WQ
 7:   LW  WC  LF   SK  WZ
 8:   LW  WC  DL   SK  WZ  GZ
 9:   LW  WC  JL   DL  SK  GZ
10:   LW  HJ   WC  HM  JC  CY
11:   LW  WC  SZ   HM  JC  CY
12:   LW  WC  SZ   HM  CY  HD
13:   LW  HJ   WC  JC  CY  WQ
14:   LW  WC  WY   JC  WQ
15:   LW  WC  SZ   CY  HD  WX
16:   LW  NS   WHD  HD  WX
17:   LW  NS   WHD  WZ  WX
18:   LW  SZ   WY  JC  GX  WQ
19:   LW  SZ   WY  GX  BD  WQ
20:   LW  SZ   GX  BD  CY  WQ
21:   LW  SZ   JC  GX  CY  WQ
22:   LW  HJ   JC  GX  CY  WQ
23:   LW  HJ   WY  JC  GX  WQ
24:   LW  WHD  DL   SK  WZ
25:   LW  WHD  SK  WZ  WX
26:   HJ  DT   WY  JC  GX  SJ  WQ
27:   WY  JC   SK  SJ  WQ
```

图 5-16　知晓网络派系数据

综合以上分析，该集群中知识网络的社会网络指标如表 5-7 所示。

表 5-7　　　　　　　　　　知晓网络社会网络指标

项目	密度	点度中心度（最大）	点度中心势	平均距离	派系（个）
知晓网络	0.1057	31.034%	21.92%	2.839	27

由此可知，潍坊集群中组织间的知晓网络主要围绕两个核心企业 LW 和 WC 完成的。网络密度经计算为 10.57%，两个节点的点度中心性分别为 LW：31.034% 和 WC：31.034%，网络集中程度为 21.92%。这两个企业是潍坊重装产业集群的龙头企业及知晓网络中的主企业。略低一点的知晓企业有 HJ、CY、ZJ 等，它们的点度中心性分别为 HJ：20.690%、CY：13.793%、ZJ：13.793%，其中 HJ 为知识集成主体。沿着这些知晓网络中主企业的知晓渠道，仔细观察潍坊集群企业的社会关系，可以发现，企业的知晓网络是引导式向前发展的。集群平均距离为 2.839，距离成本较低，但最大距离为 6，方差较大，

说明距离成本的降低主要来源于集群较高的中心势。形成的 27 个派系中由核心企业引导的派系有 25 个，由知识服务业主体引导派系 2 个。27 个派系中均有知识服务业组织参与。

（2） 沟通网络

沟通网络指的是由知识主体之间的信任关系网络，由联系的频率、情谊关系所确定，它反映了主体之间信任和非正式交流的程度。这中关系可分为话题亲密性和行为亲密性。应用到产业集群中，话题亲密性指主体之间交流的频率和本主题的知识存量和知识需求是否与对方有交叉或互补。其行为是否有经常的非正式的人员和合作。因此，针对集群主体之间的沟通联系，我们以"集群中哪些主体间经常进行正式与非正式合作和交流"为出发点进行搜集。构建沟通网络关系矩阵，通过 UCINET 测量出该沟通网络的五个社会网络指标如表 5 - 8 所示。

表 5 - 8　　　　　　　　　　　沟通网络社会网络指标

项目	密度	点度中心度（最大）	点度中心势	平均距离	派系（个）
沟通网络	0.1080	34.483%	25.37%	2.747	27

（3） 中介网络

中介网络是由主体直接之间的是否存在中介确定，它表示节点对与其有中介关系节点的"控制力"。节点的中心性表示该节点在不同节点间的网络连接作用。因此我们重点关注该网络的中心性指标。为考察集群主体之间的知识中介关系，我们通过搜集"主体通过哪些组织获得到其他主体的信息"的相关数据，进而研究集群中节点是否为其他企业提供桥梁服务。根据整理的数据构建中介网络矩阵，通过 UCINET 测量出该中介网络的五个社会网络指标如表 5 - 9 所示。

表 5 - 9　　　　　　　　　　　中介网络社会网络指标

项目	密度	点度中心度（最大）	点度中心势	平均距离	派系（个）
中介网络	0.0862	27.586%	19.95%	3.166	10

（4）知识网络

知识网络是指集群中知识主体之间的时间共享、传递知识信息的关系网络。这种共享关系包括纵向产业链上上下游主体的关系、横向的竞争性企业之间的关系以及知识服务业与生产部门之间的关系。为构建知识关系网络，本书"与那些主体进行过知识的合作和交流"为调查和搜集数据的出发点。知识网络描述的是既有的合作关系，应重点考察该网络的派系结构。根据整理的数据构建知识网络矩阵，通过 UCINET 测量出该中介网络的五个社会网络指标如表 5 - 10 所示。

表 5 - 10　　　　　　　　　　知识网络社会网络指标

项目	密度	点度中心度（最大）	点度中心势	平均距离	派系（个）
知识网络	0.0966	27.586%	19.21%	3.301	10

（5）网络结构现状分析

综合以上分析，汇总四个关系网络指标数据如表 5 - 11 所示。

表 5 - 11　　　　　　　　　　知识合作网络社会网络指标汇总

项目	密度	点度中心度（最大）	点度中心势	平均距离	派系（个）
知晓网络	0.1057	31.034%	21.92%	2.839	27
沟通网络	0.1080	34.483%	25.37%	2.747	27
中介网络	0.0862	27.586%	19.95%	3.166	10
知识网络	0.0966	27.586%	19.21%	3.301	10

从数据中可以发现知晓网络和沟通网络的指标总体上要优于中介网络和知识网络。说明潍坊产业集群在基本上已经形成了良好的关系网络，相关主对集群中的其他主体的业务、知识存量方面有较好的了解。并且建立了正式和非正式的联系。但是这种关系网络的优势还没有很好的转化为实质性的知识合作关系。并且过于紧密的非正式关系，可能会影响主体进行理性的知识确认和选择，影响知识创新的效率。因此潍坊重装集群接下来需要合理利用存在的关系

网络，通过规范知识合作市场、正确引导，达到从非正式关系到高效知识合作的转变。

5.6.3 知识服务业对集群知识合作网络结构影响分析

为研究集群中知识服务业的嵌入对知识合作相关网络结构的影响，通过去掉相应的知识服务业主体，研究其网络特征与实际网络数据相比较而得出知识服务业主体对该网路结构的影响。通过上一节的分析，发现该集群中知晓网络和沟通网络的结构非常相似，同样中介网络与知识网络结构相似。因此本将分别分析知识提供主体、知识中介中体和知识集成主体对沟通网络和知识网络结构的影响。

（1）知识提供主体

沟通网络。首先从沟通网络关系矩阵中去掉知识提供主体 GX、DT、WX、HA、HM 对应的行、列的数据，保存后使用 NetDraw 生成此时的网络拓扑图如图 5 − 17 所示。

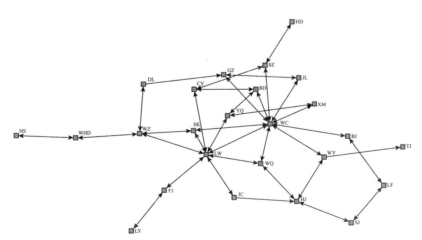

图 5 − 17 去掉知识提供主体后沟通网络拓扑图

使用 UCINET 依次计算相关网络指标如表 5 − 12 所示。

表 5 - 12　　　　　　　　去掉知识提供主体前后沟通网络对比

项目	密度	点度中心度（最大）	点度中心势	平均距离	派系（个）
沟通网络	0.1200	41.667%	32.25%	2.803	12
原始网络	0.1080	34.483%	25.37%	2.747	27

　　使用同样方法计算去掉知识提供主体后知识网络数据如表 5 - 13 所示。

表 5 - 13　　　　　　　　去掉知识提供主体前后知识网络对比

项目	密度	点度中心度（最大）	点度中心势	平均距离	派系（个）
知识网络	0.0800	20.833%	13.95%	4.100	4
原始网络	0.0966	27.586%	19.21%	3.301	10

　　通过对比分析，知识提供主体对知晓网中心性和派系影响较大，但同时应该注意知识提供主体占比较大，应该剔除网络因大小的变化引起的结构变化。另外知识提供主体对知识网络密度、中心性和平均距离有较大影响。

（2）知识中介主体

　　计算去掉知识中介主体后沟通网络和知识网络与原始网络指标对比如表 5 - 14、表 5 - 15 所示。

表 5 - 14　　　　　　　　去掉知识中介主体前后沟通网络对比

项目	密度	点度中心度（最大）	点度中心势	平均距离	派系（个）
沟通网络	0.1054	34.615%	26.00%	3.046	12
原始网络	0.1080	34.483%	25.37%	2.747	27

表 5 - 15　　　　　　　　去掉知识中介主体前后知识网络对比

项目	密度	点度中心度（最大）	点度中心势	平均距离	派系（个）
知识网络	0.0826	23.077%	16.00%	3.512	5
原始网络	0.0966	27.586%	19.21%	3.301	10

通过对比分析，知识中介主体对沟通网络平均距离和派系影响较大，对知识网络密度和派系影响较大。其中对沟通网络平均距离影响要大于知识提供主体的影响。但是对知识网络中平均距离影响有限，弱于知识提供主体。

（3）知识集成主体

计算去掉知识中介主体后沟通网络和知识网络与原始网络指标对比如表5-16、表5-17所示。

表 5-16　　　　　　　　　去掉知识集成主体前后沟通网络对比

项目	密度	点度中心度（最大）	点度中心势	平均距离	派系（个）
沟通网络	0.0979	37.037%	29.34%	3.034	11
原始网络	0.1080	34.483%	25.37%	2.747	27

表 5-17　　　　　　　　　去掉知识集成主体前后知识网络对比

项目	密度	点度中心度（最大）	点度中心势	平均距离	派系（个）
知识网络	0.0794	25.926%	19.37%	2.841	5
原始网络	0.0966	27.586%	19.21%	3.301	10

通过对比分析，知识集成主体对沟通网络派系影响较大，对知识网络密度、平均距离和派系影响较大。其中知识网络中平均距离影响有限，弱于知识提供主体。但考虑到知识集成主体只有两个节点，对派系的影响的影响力却与知识提供主体的五个节点影响相当，说明知识集成主体对知识网络派系的影响要强于知识提供主体。

5.6.4　产业集群知识合作网络发展建议

综合本章分析，潍坊重装制造业产业集群知晓网络和沟通网络结构能够促进集群中主体之间的交流效率，整体优于中介网络和知识网络。因此集群应注重实质性知识合作网络的发展，实现沟通优势到知识合作效率的转变。通过分析宏观知识服务业对不同关系网络的影响作用，结合从微观知识服务业参与知识合作创新过程的分析，本书从知识服务业发展建设角度提出如下发展建议：

（1）核心企业、政府等应发挥职能规范知识市场

由以上分析可知集群知晓网络和沟通网络发展良好，说明集群主体之间能够实现良好的交流。但是集群知识网络密度和中心性较低、平均距离较长，说明知识合作效率不高。可能的原因是知识市场不够规范，知识成果的分配规则不够明晰。使得集群中主体间虽然沟通流畅，但涉及实质的知识合作确不能有效进行。核心企业在集群内均有较高的影响力和威望，可以根据实际合作中存在的问题制定出比较规范合作形式和成果分配机制。政府等职能机关可发挥自身优势，出台相关政策。一方面，进一步降低集群沟通成本；另一方面，规范知识市场，对合作失败的责任方进行告诫或惩处，以促进非正式沟通向正式知识合作的转化。

（2）知识提供主体应积极参与在有效沟通的基础上积极参与知识合作的达成

知识提供主体在知识服务业中占比最大，对知识网络的密度、中心性和平均距离影响明显。但也是掌握较少话语权的被动合作方，受环境因素影响较大。在知识合作过程中应积极参与，对合作出现的问题积极与相关主体交流，共同谋求集群知识网络的发展。

（3）知识中介主体和知识集成主体应加快专业化发展

知识中介主体和知识集成主体是知识需求方和知识提供方的纽带，是合作创新过程中的主要润滑剂和催化剂。但是由于知识服务业发展尚不成熟，此类主体多数是从制造业部门中分离出来的，专业化程度不高。虽然能够实现类主体的连接，但没有有效促进实质的知识合作的进行。提高自身的专业化程度，在整合知识需求、连接知识提供主体和制定知识合作解决方案方面发挥出应有的作用。

第6章

服务化制造业集群知识共享风险评价研究

引　子

经济全球化与经济信息化的深入发展带动着全球产业结构的调整。美国积极发展新能源战略、再制造业化战略和出口翻番战略，北欧、加拿大、澳大利亚等地区积极发展高科技产业，欧盟与东亚地区也在产业结构调整方面出台了许多政策措施。在全球产业结构调整的大环境下，党的十六大提出：信息化带动工业化，以工业化促进信息化，走一条科技含量高、经济效益好、人力资源得到充分发挥的新型工业化道路。胡锦涛在党的十八大报告中特别指出加快传统产业转型升级，推动现代服务业发展壮大。

随着国家对工业结构优化升级的大力推动、信息化进程的不断推进，先进制造业产业与现代服务业相互渗透融合的趋势越来越明显，市场需求由传统的产品导向转向产品服务系统导向，产业价值链中的高价值环节由制造环节转向服务环节[167]。在传统制造业集群中，传统制造企业逐步向服务型制造企业转化，积极引导客户全程参与产品的生产过程，并为之提供"综合性解决方案"的产品服务[168]，在满足顾客个性化需求的同时获得多环节价值链利润。与此同时，传统制造业集群在龙头成员企业结构调整的带动下逐步成为以服务型制造企业为主体，带领集群内其他企业开展服务型制造业务的集群为向服务型制造业过度化的产业集群，简称服务化制造业集群。

制造业集群内企业间不可避免地存在知识共享风险。集群内的知识共享可以按照分享意愿分为两种形式：一是集群的地域根植性所带来集群企业间的知识外溢，在集群内形成非主动的知识共享；二是集群企业为了在激烈的市场竞争中获得优势，自发的形成战略联盟进行知识协同创新，主动地进行知识的共享。无论何种形式的知识共享，都会受到机会主义、共享过程管理不完善等多方面的威胁造成知识共享风险。

服务化制造业集群较传统制造业集群而言更易出现知识共享风险。首先，随着客户参与度的提升，对客户需求的及时响应仅依靠单一企业很难实现，需整合产业链上下游企业的生产与服务资源，通过共同协作及时满足顾客的需求，这一过程必然增加了集群成员企业间知识交流的机会；其次，服务化制造业集群处于产业结构调整转化的过程中，更加迫切的需要通过知识转移有效地吸收服务业相关的知识，改进自身的经营、管理模式。由于顾客参与度的提升、市场的自由竞争性以及知识交流的增多等多方面因素影响，知识共享并生的知识泄露风险也随之加剧。

因此，本书在传统制造业集群与服务化制造业集群知识共享过程比较分析的基础上，梳理服务化制造业集群知识共享过程中各知识流并生的各类知识共享风险，并结合相关研究建立知识共享风险指标体系。在汲取相关研究方法不足的基础上，借鉴组合评价的思想，构建了熵值法和 BP 神经网络相融合的 EBP 组合评价模型，并应用实例分析对模型的有效性和可行性进行验证。

6.1　服务化制造业集群知识共享的机理分析

6.1.1　制造业服务化的趋势分析

最早提出服务化概念的范德默若（Vandermerwe）和拉达（Rada）（1988）将制造业服务化定义为制造企业由仅提供货物向提供"货物—服务包"转变的过程。企业制造业服务化是一种将价值链的中心由制造转向服务的转变，目的是为了获得竞争优势[193]。从其目标、演化及活动方面分析，服务化的实质是企业分析顾客的核心价值观，识别顾客价值诉求、扩展、增强和提升价值创造能力的过程。

随着当前经济发展的趋势，消费者需求日益提升，生产性服务业与现代制造业之间的融合发展日益深入，这种融合的主体形式是将服务元素渗透进制造业传统模式中。传统制造业将生产流程进行优化拓展，通过再造或并购重组等方式，融入生产性服务，主营业务从传统销售产品向提供成套解决方案转变。较传统制造业而言，服务化转型具有多重优势。

①服务化转型可以增加企业的经济收益。马蒂厄（Mathieu）（2001）认为与物品捆绑的服务一方面可提升企业的经济效益，另一方面也可降低资金的易变性和脆弱性。奥利瓦（Oliva）与卡林伯格（Kallenberg）（2003）认为较传统的物品加工销售而言，服务具有跟高额的利润空间，并能为企业带来更为稳定的收益。怀特（White）等（1999）发现 IBM 与施乐将业务服务化作为一种生存战略，并从中获得了大量收益。根据 IBM 与 GE 各年的年度报告数据可以看出，自 1996 年其软件与金融方面的服务性收入已超过其硬件收入。尼利（Neely）（2008）首次通过实证方法探讨了制造企业服务化与经营绩效的关系，认为制造企业服务化较纯制造企业而言具有更高的盈利性。

②服务化转型可以改善环境效益。研究发现（White，1999），有些制造企业（例如，伊莱克斯）由于服务化转型可以降低资源的消耗与环境的污染而实行业务服务化战略。

③企业间的差异化优势通过服务化转型得以区分。奥利瓦和卡林伯格（2003）指出，服务能见度低、人员依赖性高等特性使得其过程难以被模仿，是企业间持续的竞争优势来源。

④服务化制造业比普通制造业的知识共享更为丰富与频繁。最早提出服务化概念的范德默若和拉达（1988）认为服务化很大程度上受客户需求的驱动。李国昊（2014）认为，传统模式下制造业由于与客户沟通的匮乏使得运作过程中出现知识缺口，而制造业的服务化转型本身就是一个填补知识缺口的过程。传统制造业经营模式很难满足当今客户的需求。随着市场竞争的激烈，信息化进程的不断推进，客户的需求也更加挑剔，更加难以满足，传统制造企业所生产的同质化产品很难满足客户的个性需求，为了积极响应客户需求、解决客户所需，单靠企业自身的力量很难实现，所以在服务化的过程中，将会扩大外包业务，旨在为客户提供直接解决客户需求的"物品—服务包"（Brown，2000；Olica & Kallenberg，2003；Van Looy，2003），与此同时，不可避免的会将企业内部的显、隐性知识以各种形式共享给合作企业[193]。

在服务化带来的诸多优势的吸引下，以及在国家工业结构优化升级的推动下，将会有越来越多的多传统制造业集群或企业采取服务化战略。特别是近年来，中国制造业所依赖的成本优势收到了严峻的挑战，利润空间大幅压缩，服务化转型将带给企业更多的差异化优势，使其在激烈的竞争中胜出。

6.1.2　服务化制造业集群的形成过程

服务化制造业企业的形成过程主要可以概括为以下三种情况。首先，将原有业务融入生产性服务整合为新的业务体系是传统制造业向服务化转型的最主要形式。在这一转化过程中，通过服务业务的融入充盈了企业自身的业务形式，服务与传统制造的产业融合增加了企业自身的核心竞争力。其次，也有的企业为了迎合消费者的个性化需求，从产品的服务附加价值中看到了利益空间，从单纯的产品销售业务拓展成为提供成套解决方案的服务型制造业企业。最后，还有一些企业由于人力成本的提升、加工利润缩小等原因，积极进行产业链重组，逐渐将企业的核心经营业务从加工转化为产品研发、客户管理、产品租赁、运营管理服务等生产性服务，企业的角色也随着业务转型由传统制造商逐渐过渡为服务提供商。

随着国家对工业结构优化升级的大力推动、信息化进程的不断推进，市场需求由产品导向转向产品服务系统导向，产业价值链中的高价值环节由制造环节转向服务环节，使得集群内的传统制造企业通过上述服务化转型过程，转化为服务型制造企业，积极引导客户全程参与产品的生产过程，并为之提供"综合性解决方案"的产品服务，在满足顾客个性化需求的同时获得多环节价值链利润。本书将这种以服务型制造企业为主体、带领集群内其他企业开展服务型制造业务的集群，即向服务型制造业过渡化的产业集群，简称服务化制造业集群。

服务化制造业集群处于传统型向服务型过度的过程中，企业在业务方面开始融入服务性业务，但并没有成为企业的业务主体；从经济收益角度而言，企业从单纯的产品收益变为产品与服务性收益兼并；从集群组织结构方面而言，为了迅速的响应并满足客户的需求、及时为客户提供"综合性解决方案"，企业从间接与客户沟通变为直接与客户进行沟通交流，并积极鼓励客户参与到产品生产的整个流程中，使得服务化制造业集群弱化了经销商、分销商等在业务流程中的作用。

6.1.3　知识共享的内涵界定

（1）知识共享的概念解析

关于知识共享的含义，学术界还没有形成统一意见，通过文献梳理，本书将当前知识共享含义的研究主要概括为 3 个方面：

第一，沟通交流观点。李久平等（2004）将组织内部的知识共享定义为，各种知识在员工间、员工与组织间的相互沟通与交流，各取所需，扬长避短，用其他人的知识弥补自身的知识空白，使知识从个体经验升华为组织的共有知识。孟鲁洋等（2005）将知识共享定义为员工间知识的交流传递，使知识由个体的经验扩散到群体的层面。何会涛（2011）将知识共享定义为一个利用各种知识传递手段，与组织内部成员分享个体知识和组织共有知识的过程。

第二，知识转移观点。李（2001）将知识共享定义为知识从一个个体、组织或群体向另一个个体、组织或群体传播或转移的过程。安世虎等（2006）认为知识共享是知识提供方在利益需求下，将自有知识分享给知识接受方。杜占河等（2009）从不同角度对知识共享进行了分析，从知识转移对象看，认为知识共享是知识在个体与个体间、个体与群体间相互转化的过程；从其内容看，认为知识共享是隐性知识向显性知识不断转化的过程。徐扬（2010）认为知识共享是组织以有效利用现有知识为目的，通过不同渠道将知识进行转移的过程。

第三，组织学习观点。狄克逊（Dixon）（2000）认为，知识共享就是将自有知识与人共享，直至其成为组织所共有的知识。樊平军（2003）认为知识共享是尽量将知识内部的知识公开化，使每个个体都可以有效的接受与使用。林东清（2005）将知识共享的定义为：个体或群体在组织内外部，以扩大知识的利用价值并产生效益为目的，利用各种渠道进行知识的交流与探讨。

学者们分别从沟通交流、知识转移、组织学习的观点对知识共享的内涵进行了阐释，本书认为，知识共享以沟通交流作为起点，以知识转移作为途径，以组织学习作为结果，以知识创新作为目的。知识共享就是参与共享成员利用各种手段与途径进行彼此自由知识的交互，实现成员群体知识创新的过程。

（2）服务化制造业集群知识共享的意义

制造业产业集群企业间的专业分工与相互协作实现了集群高效率、低成本的生产方式，但集群如何应对未来市场竞争环境、客户个性化需求的变化以及实现服务化战略转型，这就需要集群企业加快知识共享进程，实施生产工艺、制造流程、管理策略、市场信息等多个层面的知识共享，不断增强集群创新能力。

结合服务化制造业集群主体结构及知识共享的实现过程，本书将服务化制造业集群知识共享的意义总结为以下四点：一是实现对客户需求的快速响应。对于服务化制造业集群而言，随着客户参与度的提升，对客户需求的及时响应仅依靠单一企业很难实现，需及时有效的知识共享实现产业链上下游企业生产与服务资源的整合，通过共同协作及时满足顾客的需求。二是改善企业知识结构，增加企业知识存量。首先，服务化制造业集群处于转型过程中，成员企业对于新增业务拥有很大的知识缺口，更加迫切的需要通过知识转移有效地吸收服务业相关的知识，改进自身的经营、管理模式，成员间的知识共享有助于弥补只是缺口，对转型由助推作用。其次，知识共享促进了企业间员工的知识传播与相互学习，有利于员工和企业向知识型员工和知识型企业转变，提升员工和企业的知识水平。三是整合集群知识资源，提升集群创新能力。通过知识共享，企业间能够更广泛的相互学习和更加深入的开展合作，企业间的知识得以迅速扩散和流动，企业的部分知识转化为集群共有知识，集群知识资源得到有效融合，有利于集群整体创新能力的提升。四是把握市场先机，增强品牌优势。供应企业、制造企业、装配企业及相关销售企业间的知识共享，能够使集群企业及时掌握市场环境的变化和顾客偏好的变动，增强集群企业对市场环境和客户需求的快速应变能力，从而有针对性的进行协同创新，不断提升产品质量与服务质量，增强客户对产品品牌的信赖感和依赖感。

6.1.4　集群知识共享过程的机理分析

由于形成机制、组织形式等不同方面的差异，不同类型集群的业务主体与网络结构各不相同[42]。我国传统制造业集群的服务化转型主要依靠集群内大型企业自身的业务改善与运营模式的转变，带动并影响集群内其他供应链伙伴共同完成服务化转型。本书主要研究以核心制造企业为中心，其横向竞争关系企业与纵向供应链关系成员相联系的集群业务网络。其中，供应组织、互补组织与下游组织分别代表了负责零配件供应、知识协同创新与负责销售售后等的企业或企业群体。然而产业集群不仅是依靠供应物流网络紧密联系的空间积聚体，更是一个以知识与信息为纽带所形成的知识整合体。成员企业通过集群这一独特的媒介进行大量知识与信息的交互与传递，使其成为一个多层次、多维度、多因素的复杂知识系统。在这个知识系统中，各个集群企业间存在着一种相互依存与协作的互利互惠关系。

（1）传统制造业集群知识共享过程

核心制造企业是集群内部知识创造的引擎以及知识网络的扩散源，具有较多的技术资源和较强的创新能力，是产业集群与外部领域联络的"桥梁"，在集群内部，为从事零部件加工或狭窄范围产品生产的中小规模供应商提供生存所需要的主要业务来源，伙同供应企业与互补企业形成以自身为中心的知识共享小团体。核心制造企业对市场需求把控的准确度，不仅关乎核心企业所在供应链的发展，更对集群的发展具有很大影响。为了获取客户对产品的具体需求与期望，核心供应企业应努力通过下游组织中的代理商、服务企业等获取客户对于产品的使用意见、客户的需求、维修服务的重点等信息（如图 6 - 1 的③和⑤），以便及时地调整自身乃至整个供应链的加工方案，迎合市场需求。而下游组织对于核心企业的知识需求在于产品的使用、维护知识，产品的库存储备、整个供应链的发展计划等信息。

为了提升供应链业务协同能力，供应商需要了解制造商的生产计划、库存能力等信息（如图 6 - 1 的①），以便降低自身的平均库存，及时跟进新的生产计划。制造商作为集群的核心企业，在供应链伙伴选择时不仅关注供应企业的生产加工实力，还要了解他的发展愿景、发展计划，以便制订既迎合伙伴未来发展又符合供应链整体发展的计划。此外，为了推陈出新生产满足市场需求的新产品，供应商与核心企业可能共同参与产品的协同设计，使供应企业全面掌握产品的开发信息，以便供应企业按期、按量、按质提交货物，更好地满足客户需求。

对于集群内以核心企业为竞争对手的同类企业而言，努力迎合市场需求，扩大自身经营业务范围、提高自身核心竞争力是企业长久发展的目标。传统制造企业具有同质性，又加之制造业集群具有地域根植性，所以企业在选择供应链合作伙伴时具有一定的局限性，可能出现竞争企业之间的合作伙伴重叠的情况。相同的供应组织、互补组织或下游组织很可能在业务过程中，出现无意识或有意识的知识流动（如图 6 - 1 的⑦）。

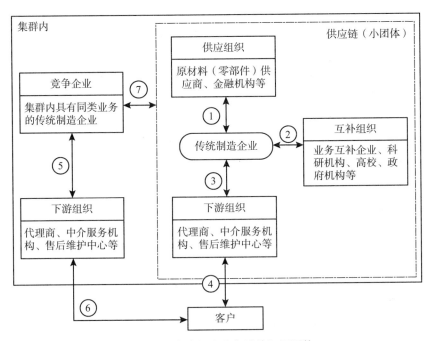

图 6 - 1　传统制造业集群的知识网络

除了合作组织外，客户也是竞争企业间知识共享的间接渠道。客户在选购产品时，会将多品牌的同类产品进行价格、质量、售后、配送等多方面信息进行比较，在比较的同时会对各产品具有一定的认知和了解。客户可能会在与不同经销商沟通的情况下，透露出其他经销商的报价、售后等信息（如图 6 - 1 的④和⑥），为竞争企业提供一个简洁的知识流动渠道。

（2）服务化制造业集群知识共享过程

服务化制造业集群中的服务型制造企业是一个劳动密集型核心制造企业，直接向客户提供基于产品的服务这一业务特性使服务型制造业企业具有了不同于传统同类制造业企业的异质性，在市场中更具竞争力。首先，可以在提供服务的同时，收取相应的服务性盈利；其次，企业可以通过服务过程拉动产品的销售，获得更高的盈利；此外，在知识管理方面，服务型制造企业机动的服务过程是一个难以被复制的业务流程，服务的沟通技巧、人员经验等隐性知识都是难以被其他企业盗取的核心竞争力。传统制造业企业中加入服务业务，使得服务型制造企业更具劳动密集性。知识共享也随着客户与企业服务部门、企业与供应链其他企业沟通的增加，而大幅度提升。

不同于传统制造企业，服务型制造企业为了开拓更广泛的业务市场，提升对顾客需求的响应效率，不得不加强与供应企业和互补企业的知识协同创新（如图6-2的①和②），积极通过知识共享平台分享企业内部的知识库、专利、技术信息、商业信息、经营信息等机密信息，在合作企业间传阅图纸、资料和说明书等机密资料，以便供应企业按期、按量、按质提交货物，更好地满足客户需求。

区别于传统制造企业，服务型制造企业将既有实物产品作为工具或平台，向顾客提供与物品相关的服务，而非向客户售卖本身，企业通过顾客的参与式设计、制造和销售，与其建立业务联系（如图6-2的③），不再需要独立的经销商将产品推向市场，增加了顾客对企业核心技术、信息等内部知识的了解。由于市场竞争的自由性，客户可以自由的选择企业进行合作，在比较选择的过程中，客户将了解到多个同类企业的服务模式与报价（如图6-2中的④）。

对于集群内以服务型制造企业为竞争对手的同类企业，尽可能地了解对方的业务信息、经营状况等知识对提升自身业务能力、拓展市场、制订发展计划等都是有力的参考依据（如图6-2的⑤）。

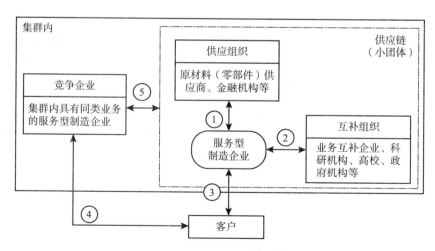

图6-2 服务化制造业集群的知识网络

（3）传统与服务化制造业集群知识网络中的知识流传递内容

知识网络中知识流的传递内容可以根据知识的特性，分为隐性知识（Tacit Knowledge）和显性知识（Explicit Knowledge）两类。显性知识是指可以通过语言、文字、图像或公示等编码的知识，例如产品的使用说明、企业间的合作合同等。隐性知识是指知识拥有企业自身理解但难以用语言、文字、图像或公式等编码的知识，例如员工经验、技巧、技能等。本书将传统与服务化制造业集群知识网络图 6 - 1、图 6 - 2 中的知识传递内容按照显隐性知识进行分类，对共有知识流和特有知识流的传递内容总结为表 6 - 1。

表 6 - 1　　传统与服务化制造业集群知识网络中的知识流传递内容

区同	知识流代码		传递内容
	传统集群	服务化集群	
共有知识流	①	①	显性知识：使用说明书、合同、库存、订单等 隐性知识：生产能力、资金实力、经营信息、技术支持、发展计划、客户需求等
	②	②	显性知识：知识库、专利、技术手册、合同、订单、研究报告、使用说明等 隐性知识：培训、技术指导、经营信息等
	⑦	⑤	显性知识：基本不存在 隐性知识：非正式团体交流、人才流失、共有的供应组织与互补组织产生的知识传递等
特有知识流	—	②	显性知识：价格、产品使用说明、合同、客户向企业透露的竞争企业报价等 隐性知识：服务包、生产能力、客户需求等
	—	④	显性知识：价格、竞争企业的报价等 隐性知识：客户需求、服务能力、公司实力、竞争企业的服务信息等
	③和⑤	—	显性知识：产品使用说明、合同、销量、维修或销售记录等 隐性知识：培训、技术指导、经营状况、客户偏好、客户需求等
	④和⑥	—	显性知识：使用说明、合同、价格等 隐性知识：使用指导、技术培训、客户需求、价格弹性、竞争企业的服务信息等

6.2　服务化制造业集群知识共享的风险识别

本章针对传统制造业与服务化制造业集群知识共享过程的系统辨识、知识流并生风险的形成机制，将知识传递过程中存在的风险按照知识共享行为的前提、过程与目的三个阶段将服务化制造业集群的知识共享风险从关系风险、利益风险和知识共享能力风险三方面进行分类。基于国内外有关知识共享风险的相关文献，选取核心知识的过度保护、机会主义、合作企业与竞争企业的关系、契约执行不力、知识背景差异、组织学习能力、知识转移平台完善情况等17 个指标构建了知识共享风险评价指标体系。

6.2.1　服务化制造业集群风险的形成机制

不同于传统制造企业，服务型制造企业虽然避免了经销商不当得利所产生的利益风险，但为了开拓更广泛的业务市场，提升对顾客需求的响应效率，不得不加强与供应企业和互补企业的知识协同创新（如图 6 - 3 的①②③），积极通过知识共享平台分享企业内部的知识库、专利、技术信息、商业信息、经营信息等机密信息，在合作企业间传阅图纸、资料和说明书等机密资料，一旦疏于管理或信任缺失，极易造成核心知识的外溢，出现知识泄露风险，甚至导致合作企业间合作关系的破裂。此外，成员企业是否具备合理编码隐性知识的能力以及对合作企业所传递知识的吸纳能力，都对集群企业知识共享的效果造成很大影响。

由于集群内成员企业业务的同质化以及集群地域的根植性，竞争企业间可能具有共同的供应商或协同合作企业，由此提升了竞争企业间知识外溢的机会（如图 6 - 3 中的⑥、图 6 - 4 中的⑧）。同时，市场竞争的自由性以及服务型制造行业的特殊性，使得顾客成为同类竞争企业间知识交流的媒介，为竞争企业提供了抢夺核心制造企业客户、拓宽业务市场以及了解对手核心知识的机会。此外，竞争企业间存在的由社会关系较好的员工群体组成的非正式团体交流或核心部门人才的流失，也提升了企业核心知识泄露的风险。

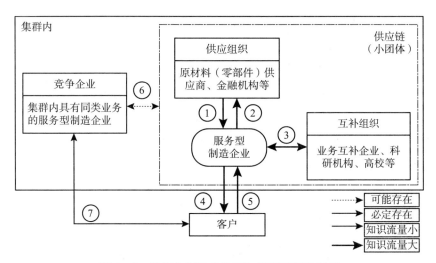

图 6-3　服务化制造业集群知识网络风险识别

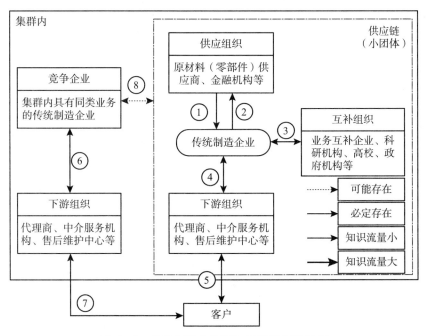

图 6-4　传统制造业集群知识网络风险识别

区别于传统制造企业，服务型制造企业将既有实物产品作为工具或平台，向顾客提供与物品相关的服务（如图 6-3 的④和⑤），而非向客户售卖本身，企业通过顾客的参与式设计、制造和销售，与其建立业务联系（如图6-4的④），不再需要独立的经销商将产品推向市场，由此完全避免了与经销商由于信息不对称产生的利益风险，但却增加了顾客对企业核心技术、信息等内部知识的了解。由于市场竞争的自由性，客户可以自由的选择企业进行合作，在比较选择的过程中，客户将了解到多个同类企业的服务模式与报价，甚至得到相应的技术信息与商业机密，客户极易成为竞争企业间知识流动的渠道，甚至成为服务化制造业集群信息外溢的重要隐患（如图6-3中的⑦）

本书参照图6-3、图6-4将上述知识共享过程中，传统与服务化制造业集群可能出现的风险进行识别，如表6-2所示。

表6-2　　　　　　　传统与服务化制造业集群知识网络中可能存在的风险

区间	知识流代码		传递内容	可能存在的风险
	传统集群	服务化集群		
共有知识流	①	①	显性知识：使用说明书、合同、库存等 隐性知识：生产能力、资金实力、经营信息等	契约终止风险、知识接收风险、泄露风险、信任缺失风险
	②	②	显性知识：合同、订单等 隐性知识：技术支持、发展计划、客户需求等	知识技术管理、接收风险、核心知识泄露风险、信任缺失风险
	③	③	显性知识：知识库、专利、技术手册、合同、订单、研究报告、使用说明等 隐性知识：培训、技术指导、经营信息等	信任缺失风险、核心知识泄露风险、利益分配不均、知识接收风险、契约终止风险
	⑧	⑥	显性知识：基本不存在 隐性知识：非正式团体交流、人才流失、共有的供应组织与互补组织产生的知识传递等	核心知识泄露风险、利益分配不均
特有知识流	—	④	显性知识：价格、产品使用说明等 隐性知识：服务包、生产能力等	知识技术管理、接收风险、核心知识泄露风险
	—	⑤	显性知识：合同、竞争企业报价等 隐性知识：客户需求等	知识编码能力风险、契约终止风险
	—	⑦	显性知识：价格、竞争企业的报价等 隐性知识：客户需求、服务能力、公司实力、竞争企业的服务信息等	核心知识泄露风险、契约终止风险、知识接收风险

续表

区同	知识流代码		传递内容	可能存在的风险
	传统集群	服务化集群		
特有知识流	④和⑥	—	显性知识：产品使用说明、合同、销量、维修或销售记录等 隐性知识：培训、技术指导、经营状况、客户偏好、客户需求等	知识技术管理、接收风险、核心知识泄露风险、知识编码能力风险、利益分配不均、信任缺失风险
	⑤和⑦	—	显性知识：使用说明、合同、价格等 隐性知识：使用指导、技术培训、客户需求、价格弹性、竞争企业的服务信息等	知识技术管理风险、知识编码能力风险、核心知识泄露风险、契约终止风险、知识接收风险

6.2.2　服务化制造业集群的知识流并生风险

①契约终止风险：指在知识共享过程中，知识传递参与企业由于合作过程中的契约执行不力等其他原因引起的合约解除或客户资源的流失，称为契约终止风险。当知识共享的过程管理方面，知识共享流程的规范性和约束管理在一定程度上影响了知识流动的方向和频率，当管理不善、无法按照契约合理执行时，就会为企业来带来诸多风险[23]。

②信任缺失风险：知识传递双方由于在知识共享过程中，由于成员机会主义、对自身知识的过度保护或和外部竞争企业关系密切等原因导致的对对方信任的减少或丧失，称之为信任缺失风险。信任是成员企业知识共享的前提和基础，一旦合作企业对知识共享团体的信任有所缺失，将会降低企业知识共享的意愿，从而提升知识共享的交易成本与集群的运营成本，使企业遭受利益、时间等多方面的风险。

③利益分配不均风险：知识共享参与各方利益分配不公平而造成知识共享成员利益受损的风险，称为利益分配不均风险。信息的不对称可能会使成员企业进行逆向选择，造成利益分配上的不合理[43]。此外，知识共享参与方没有得到应得的利益时就会产生利益风险，如果在知识共享过程中长期获益，将会增加企业知识共享的积极性[23]。

④知识接收风险：指由于自身学习能力的局限性、知识背景的差异性以及

共享意愿等原因，企业对于所接收的知识不具备良好的吸收转化能力，造成无法将共享的知识转化为企业自身可利用资源的风险，称为知识接收风险。齐源等（2010）认为，由于知识接收方所用技术的落后，企业在知识的消化与吸收方面存在障碍，使得知识在实用性等方面不能满足成员对该知识的共享需求，致使所传递知识失去了使用价值。肖玲诺（2011）认为知识接收方接收能力的欠缺以及接受意愿的主动性不强将会引起风险。

⑤核心知识泄露风险：指在知识传递过程中，由于传递方式、传递平台或成员机会主义等原因造成的知识共享范围和程度超出了合约的限制，从而引起的核心知识泄露或丧失的风险。魏奇锋等（2012）认为，在知识交流中，可能将契约划定范围外的知识透漏出去，造成核心知识外泄，带来丧失核心知识的风险。产权侵犯也属于核心知识泄露风险的范畴，若合作伙伴超越产权或专利所有者许可范围使用或共有知识资源被某些企业不当掠夺，都会为企业带来损失，对企业的核心竞争力造成威胁[44]。在知识共享过程中，已被显性化表示的专利与技术易被效仿和盗用，造成知识资源的流失[36]。此外，知识共享合作伙伴选择的优劣直接关系到合作方机会主义发生的可能性，也直接决定了知识泄露的风险[23]。

⑥知识技术管理风险：知识传递过程中，由于传递媒介、平台或约束机制的局限性所带来的知识被窃取的风险，称为知识技术管理风险。例如网络传输速度慢、服务器运行不稳定、数据库存在漏洞、计算机病毒等威胁所带来的风险[44]。

⑦知识编码能力风险：知识传递方在共享知识时，不具备将知识完全或准确表达的能力所带来的知识转移失败，称之为知识编码能力风险。由于知识自身的模糊性、特殊性和复杂性为专有技术知识、经验等隐性知识的编码带来了难度，若知识传递方不具备将知识准确显性化的能力，在知识传递过程中将会造成知识的遗漏，带来知识共享不充分的风险。

6.2.3　服务化制造业集群知识共享风险的分类

目前，对于企业间知识共享风险的研究大多以供应链、虚拟组织、知识联盟和组织网络等为研究对象，以合作创新、组织关系、知识特性等某一方面或几方面为视角，将知识共享风险进行分类。彼得·蒂尔克曼（Peter Trkman）（2012）建立了包括合作性质、网络性质、关系程度、知识传递方式与合作范围在内的多模式组织网络知识共享风险分类框架。马可·马拉贝利（Marco Marabelli）（2012）以实践为视角，重点研究了知识转移所带来的组织网络知识共享风险。汪忠，黄瑞华（2005）以企业间合作创新知识产权保护风险的形成原因为研究角度，从组织特性、知识产权特性、知识产权环境伴生风险三方面对知识共享风险进行研究。姜文（2009）按照组织间企业的交流方式将知识共享风险记性分类，分为面对面交流产生的风险、书面交流中的风险、电话交流中的风险以及 CMC 语言交流中的风险。李颖（2010）从关系、知识和环境三方面为视角对引发联盟合作中知识共享风险的根源进行研究。方永恒（2011）以工程视角利用模糊神经网络方法建立产业集群知识共享风险预警模型，将知识模糊性、信息的不对称性以及机会主义、核心能力的知识依赖性作为产业集群知识共享风险的根本原因。张伟、张庆普（2012）将知识管理创新风险归为知识、人力、组织与技术风险四类。魏奇峰（2012）根据知识链组织间知识共享过程将知识共享风险分为六种：决策风险、道德风险、关系风险、技术风险、知识外溢风险和知识共享不足或过度风险。李柏洲（2014）主要从六个范畴：知识特性、知识转移过程、知识发送方、知识接收方、主体距离与主体关系研究影响知识转移风险。

　　知识共享是一项以信任为根基、以知识共享能力为共享过程保障、以利润最大化为目的的企业间知识交流活动。本书以此为依据，结合相关研究与服务化制造业集群知识共享过程中可能出现的风险，按照前提、过程、目的三个阶段将服务化制造业集群的知识共享风险、从关系风险、利益风险和知识共享能力风险三方面进行分类（见图 6 - 5）。

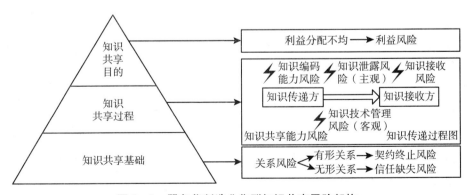

图 6 - 5　服务化制造业集群知识共享风险架构

（1）关系风险

关系风险是服务化制造业集群企业间进行知识交流的前提与基础。集群内的业务关系网是一个严格意义上不受法律约束的组织关系网，成员企业存在背景、目标与预期的不同，所以成员对知识共享和知识专有存在着天然的"边界矛盾"。关系风险的产生原因主要分为有意识的知识泄露和无意识的知识外溢两类。有意识的泄露所导致的风险主要由于各合作企业的合作目的、动机、地位的不同，无法向着共同利益运作，不能按照契约或满足所有成员期望的方式进行知识共享[50]。在企业合作过程中，由于知识的模糊性，合作契约具有极大的局限性，为成员企业的机会主义留下了可乘之机。成员企业潜在的机会主义将会对企业间的信任度产生直接影响，降低企业知识共享的意愿，甚至导致企业放弃合作机会，终止契约。企业在合作过程中若出现信任缺失，将造成知识共享不足，从而影响到知识整合和知识创新的效率。无意的外溢所导致的风险主要由于知识传递过程中，无法避免的知识外溢使成员企业无意识地失去了作为他们核心竞争优势的知识和技术。竞争优势的丧失往往会打破竞争地位的均衡，强大方视弱小方为累赘，从而造成沟通与合作的困难，使合作关系面临分裂；弱小方在此次合作中，则只能受人摆布。一方面，若关系恶化至双方放弃合作、终止契约，无论从时间成本、人力投入、还是经济投入，都为合作双方造成了损失；另一方面，契约的终止导致关系的恶化可能增加对方泄露企业核心知识的风险。

（2）利益风险

利益风险是服务化制造业集群企业间知识共享的目的。集群企业进行知识共享的出发点是开拓业务市场，提升自身核心竞争能力，最终目的是使企业获得长远利益。依据亚当斯的公平理论，一旦各参与方自我感知的利益分配标准差异较大时，就会感到不公平。奥奇（Ouchi）将分配机制的公平性作为知识共享的必需条件[42]。若在知识共享过程中，无论是由于龙头企业对小企业的利益侵占，还是未按照契约分配利益，一旦合作过程中企业蒙受利益风险，将直接影响知识共享的积极性与合作意愿，甚至可能导致个别企业为获取短期利益损害他人利益的情况发生，这将造成知识供应链内部知识的外溢，为成员企业带来不必要的损失。

（3）知识共享能力风险

知识共享能力风险按照指示传递的过程分为知识接收风险、知识技术管理风险、知识编码能力风险与知识泄露风险。对于指示传递方而言，由于技术、经验等隐性知识的编码难度较大，增加了知识的交易成本，同时提升了知识专用性风险，如果知识传递方具有较弱的知识表达能力，在知识传递过程中易出现知识共享不完全的现象，造成知识接收方对知识的理解和吸纳困难，引起这一不良后果的风险称为知识编码能力风险。知识技术管理风险受到知识传递过程中客观条件因素的影响，关系到知识共享平台与知识管理制度的完善程度、知识传递媒介的丰富度，具有监督效力的管理制度、多样化的知识传递媒介以及完善的知识转移平台为集群企业的知识共享提供了安全的知识交流环境，降低了知识在传递过程中泄露的风险，提升了成员企业知识共享的意愿。知识泄露风险指在知识传递过程中所发生的核心知识外泄给知识接受方以外对象的风险。造成知识泄露风险受知识传递过程中主观因素的影响，较常见的因素包含知识供给方的保护意识薄弱、人员的流失、参与知识共享过程的企业过多以及企业内部员工与竞争企业存在交往频繁的非正式团体等。知识接收风险发生于知识传递过程中的知识接收方，与知识接收企业的组织学习能力、知识传递双方的知识背景差异等具有直接联系，组织学习能力越强，知识传递双方的知识背景差异越小，知识接收风险出现的可能性则越小。综上所述，建立服务化制造业集群知识共享风险层次，如图6-6所示。

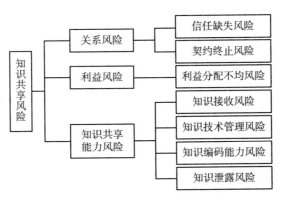

图6-6　服务化制造业集群知识共享风险层次结构

6.2.4　指标体系的构建

（1）构建原则

知识共享风险识别指标体系建立的科学与否与风险评估的效果有直接的联系。由此，为了保证服务化制造业集群知识共享风险评价指标体系的科学合理，需遵循基本原则如下：

全面性。知识共享过程内外的诸多因素共同对服务化制造业集群知识共享风险造成影响与制约，由此，服务化制造业集群知识共享风险所在的环境是一个由多因素构成的多维度系统，其风险评价指标体系也因此具有范围广、信息量大的特点。这就要求在选取指标时尽可能做到完整全面，尽量由从不同角度与不同层面去揭示和描述服务化制造业集群知识共享风险状况的程度，量化知识共享风险产生的概率及损失，避免遗漏重要信息而导致评价结果的失真。

科学性。服务化制造业集群知识共享风险评价指标体系的建立应该根据风险自身的内涵及其内在联系、知识共享过程中各知识流特性等因素，选择便于理解、易于分析、含义明确的可靠、具体、实用的指标。指标体系中的每项指标都应具有准确而科学的含义。只有通过对指标体系科学的定义与遴选，才能科学、全面、客观地反映服务化制造业集群知识共享风险状况的本质和规律性。

代表性。过多的评价指标不仅为评估工作带来极大的工作量，并且易造成指标设置重叠，从而影响评价结果。评价指标之间应具有明确的界限划分，指代明确，不应存在重复，能够较好地反映知识共享风险的特征与类型。要素与指标需遵循一一对应的关系，每一项指标仅代表一个要素的内涵。因此，对服务化制造业集群知识共享风险的风险进行评价，应选择最有代表性的关键风险因素组成指标体系[60]。

（2）指标体系的建立

基于国内外有关知识共享风险的相关文献，本书对于有代表性的知识共享风险评价指标汇总如表 6-3 所示。

表 6 - 3　　　　　　　　　　　　知识共享风险的评价指标汇总

类型	知识共享风险的评价指标	相关文献来源
知识相关	知识的特性（类型、模糊性、可分解性等）	方永恒；李颖；齐源；马亚男；闫威等；姜岚；肖玲诺等
	知识的个人性（技术人员跳槽引起的知识流失）	姜岚；张伟等
	核心知识的依赖性	方永恒；徐锐；焦亮等
	共享过程难以评估与检测（监管不力）	齐源等
	核心知识流失（知识产权被侵犯）	周在天；魏奇峰；齐源等
	技术管理差异（包括平台、知识存储、传递和学习能力等技术）	李志刚；魏奇峰；齐源；李长坤；马亚男；焦亮；闫威等；蔺丰奇等；姜岚；张伟等
	知识共享过度	魏奇峰等
	知识保护意识不强	焦亮等
关系相关	合作双方信息不对称	方永恒；马亚男；闫威等
	机会主义	纽特博姆（Nooteboom B）；威廉姆森（Williamson）；姜骞；方永恒；李志刚；史成东；徐锐；魏奇峰；李颖；齐源；马亚男；焦亮等
	组织结构的特殊性	李志刚；齐源；马亚男；焦亮；张伟等
	过度保护引起的不完全合作（知识共享不足）	拉尔森（Larsson R）；周在天；魏奇峰；马亚男等
	合作能力	史成东等
	契约不完备与不公平	杰德弗里斯（Jelle de Vries）等；魏奇峰；齐源；闫威等；蔺丰奇等；肖玲诺等
	合作双方信任程度（关系密切程度）	马亚男；闫威等；蔺丰奇等；肖玲诺等
	合作双方文化的相容性	焦亮；蔺丰奇等
	合作伙伴选择不当	蔺丰奇等
利益相关	收益分配的合理性	奥奇（Ouchi W G）；李志刚；徐锐；李颖；焦亮；肖玲诺等
	成本增加	齐源等
其他	薄弱的知识产权保护环境	李颖；闫威等

　　根据全面性、科学性与代表性的指标体系构建原则，结合上述集群知识共享过程的分析、风险层次的建立相关文献对知识共享风险评价指标的汇总，本

书从关系、利益、知识共享能力三方面进行服务化制造业集群企业知识共享风险识别指标体系的建立，如表6-4所示。

表6-4 服务化制造业集群知识共享风险的评价指标体系

	类型	风险	评价指标
知识共享风险等级RL	关系风险	信任缺失风险	合作企业对核心知识的过度保护 R_1
			合作企业的机会主义 R_2
			合作企业与竞争企业关系密切 R_3
		契约终止风险	契约执行不力 R_4
			由于竞争企业的优厚条件引起的客户流失 R_5
	利益风险	利益分配不均风险	龙头企业对小企业的利益侵占 R_6
	知识共享能力风险	知识接收风险	知识背景差异大 R_7
			组织的学习能力弱 R_8
		知识技术管理风险	知识转移平台不完善 R_9
			知识传递媒介丰富度低 R_{10}
			知识共享管理机制不完善 R_{11}
		知识编码能力风险	知识的模糊性 R_{12}
		知识泄露风险	与竞争企业拥有共同的合作企业 R_{13}
			与竞争企业存在非正式团体 R_{14}
			人员流失（客户、员工等） R_{15}
			对知识的保护意识不强 R_{16}
			参与知识共享的企业数量过多 R_{17}

6.3 服务化制造业集群知识共享风险的评价模型

6.3.1 评价方法

（1）模型评价方法的选择

知识共享风险的识别方法从最初的理论、定性研究逐渐转向融入数学模型的定量研究。早期学者利用层次分析法（AHP）确定知识共享风险指标体系的权重，由此识别出较为重要的影响因素。但层次分析法中所普遍采用的专家打分较为主观，且受专家资质、领域或经验的限制较大。在此基础上，史成东（2008）以物流联盟为研究对象，利用模糊集与粗糙集方法建立了共享风险预警模型；焦亮（2010）基于灰色聚类理论建立了虚拟企业的知识共享风险评价模型；并且以上模型均通过实证研究验证了模型的可行性，但都未解决指标体系权重确定较为主观的问题。而后，以 BP 神经网络法为代表的客观评价方法被应用与知识共享风险的评价，例如肖玲诺（2011）以产学研知识创新联盟为研究对象，建立了基于 BP 神经网络的风险识别模型；张伟（2012）为了降低 BP 网络训练的次数，又在此基础上融入遗传算法，针对企业内部的知识共享风险建立了 GABP 风险预测模型，并通过实证研究证实了该模型预测结果准确度的提升。客观知识共享风险评价方法在一定程度上克服了主观赋权受所选打分专家的偏好影响较大的问题，但是也存在一些不足，集中表现为当风险识别指标数量较多或者识别指标值差异不大时，预测准确度不高。

对此，本书延续了知识共享风险识别方法的发展趋势，对于现有方法模型所存在的不足，借鉴组合评价的思想，构建了熵值法（entropy value method）和 BP 神经网络相融合的 EBP 组合评价模型。首先选取客观赋值的熵值法确定指标体系的权重，再将线性加权处理后的样本数据用于 BP 网络的训练，避免了上述层次分析法的不足，从而提升了 BP 网络预测结果的准确性。

（2）BP 神经网络

BP（back propagation）神经网络是误差逆向传播算法所训练的多层前馈网络，是目前各个行业应用较为广泛的一种模型。BP 网络自身对输入－输出模式的映射关系具有学习和存储的能力，且无须事前了解该映射关系的数学表达式。BP 神经网络结构如图 6－7 所示，包含输入层、隐层和输出层。

算法学习的过程可以按照方向分为：信息的正向传播过程与误差的反向传递过程。输入层各神经元接收外界输入信息，将其传递给中间层各神经元；中间层将接收到的信息进行处理，结构可设计为单层或多层；随后，将信息传递给输出层各神经元，处理后向外界输出结果，完成一次信息的正向传播过程。当网络计算输出与期望值不符时，进入误差的反向传递过程。在误差函数斜率下降的方式上不断调整权值与阀值，使网络不断向目标函数靠拢。学习过程正反向传递的循环使得各层的权值随之不断调整，直到误差满足可接受范围或达到设定的学习次数，网络的学习训练过程终止。BP 神经网络隐去了建立数学模型的过程，只需将数据输入训练好的网络，即可得出相应的结果，使评价过程更为快捷、易操作。此外，神经网络能够实现自学习，自组织，自适应，具有高并行性、极易推理、鲁棒性等特点，可以应用于复杂综合评价问题。而服务化制造业集群知识共享风险问题受诸多因素影响，是一个信息不完全的复杂多属性综合评价问题，适合于运用 BP 神经网络模型对其进行研究[61]。

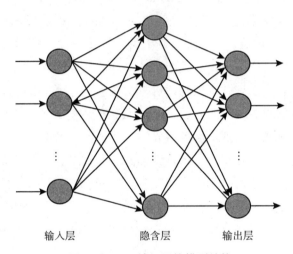

图 6 - 7 **BP 神经网络模型结构**

BP 神经网络模型包括以下四部分：

①节点输出模型。隐节点输出模型：$O_j = f(\sum W_{ij} \times X_i - q_j)$ (6-1)

输出节点输出模型：$Y_k = f(\sum T_{jk} \times O_j - q_k)$ (6-2)

f—非线性作用函数；q—神经单元阈值。

②作用函数模型。作用函数（刺激函数），反映了下层输入对上层节点刺激的脉冲强度。通常取（0，1）内连续的 Sigmoid 函数：

$$f(x) = \frac{1}{(1 + e^{-x})}$$ (6-3)

③误差计算模型。该模型反映了期望的输出值与网络计算的输出值之间的偏差大小。

$$E_p = \frac{1}{2} \times \sum (t_{pi} - o_{pi})^2 \qquad (6-4)$$

t_{pi}—i 节点的期望输出值；o_{pi}—i 节点计算输出值。

④自学习模型。上下层节点间的权重矩阵设定与误差修正的过程就是神经网络学习的过程。自学习模型为

$$\Delta W_{ij}(n+1) = h \times \phi i \times O_j + a \times \Delta W_{ij}(n) \qquad (6-5)$$

h—学习因子；ϕi—输出节点 i 的计算误差；O_j—输出节点 j 的计算输出；a—动量因子。

（3）熵值法

用熵值法确定权重的大小是根据各项指标观测值所蕴涵的信息量大小所决定的，因此熵值法是权值确定方法中的客观赋权法。$X = (x_{ij})_{m \times n}$ 是一个由 n 项评价指标、m 个待测样本组成的原始数据矩阵，对于指标一项指标而言，指标值之间差距越大，对于综合评价而言价值越大；若某项指标的值相对集中，则该指标在综合评价中作用甚微。

①数据矩阵：

$$A = \begin{pmatrix} x_{11} & \cdots & x_{1m} \\ \vdots & \ddots & \vdots \\ x_{n1} & \cdots & x_{nm} \end{pmatrix} \qquad (6-6)$$

其中 x_{ij} 为第 i 个方案第 j 个指标的数值

②数据的非负数化处理：

熵值法无须进行标准化处理，由于在其计算过程中采用某一项指标占总体之和的比值，避免了量纲的影响，对数据的预处理只需对负数进行非负化处理即可。但需要对数据进行平移，避免求熵时对数存在无意义的现象：

对于越大越好的指标：

$$X'_{ij} = \frac{x_{ij} - \min(x_{1j}, x_{2j}, \cdots, x_{nj})}{\max(x_{1j}, x_{2j}, \cdots, x_{nj}) - \min(x_{1j}, x_{2j}, \cdots, x_{nj})} + 1,$$
$$i = 1, 2, \cdots, n, j = 1, 2, \cdots, m \qquad (6-7)$$

对于越小越好的指标：

$$X'_{ij} = \frac{\max(x_{1j}, x_{2j}, \cdots, x_{nj}) - x_{ij}}{\max(x_{1j}, x_{2j}, \cdots, x_{nj}) - \min(x_{1j}, x_{2j}, \cdots, x_{nj})} + 1,$$

$$i = 1, 2, \cdots, n, j = 1, 2, \cdots, m \qquad (6-8)$$

为了方便起见，仍记非负化处理后的数据为 x_{ij}

③计算指标 j 下第 i 个样本的占比：

$$P_{ij} = \frac{x_{ij}}{\sum\limits_{i=1}^{n} x_{ij}} \ (j = 1, 2, \cdots, m) \qquad (6-9)$$

④计算指标 j 的熵：

$$e_j = -k \times \sum\limits_{i=1}^{n} P_{ij} \log(P_{ij}) \qquad (6-10)$$

其中 $k > 0$，ln 为自然对数，$e_j \geq 0$ 式中常数 k 与样本数 m 有关，一般令 $k = \frac{1}{\ln m}$，则 $0 \leq e \leq 1$

⑤计算指标 j 的差异系数：

$$g_j = 1 - e_j \qquad (6-11)$$

则：g_j 越大指标越重要

⑥求权数：

$$W_{ij} = \frac{g_i}{\sum\limits_{j=1}^{m} g_j}, \ j = 1, 2, \cdots, m \qquad (6-12)$$

（4）知识共享风险评估方法的基本原理和步骤

步骤 1：将 n 组样本数据整合为数据矩阵。

$$R = \begin{pmatrix} R_1 \\ \vdots \\ R_n \end{pmatrix} = \begin{pmatrix} r_{11} & \cdots & r_{117} \\ \vdots & \ddots & \vdots \\ r_{n1} & \cdots & r_{n17} \end{pmatrix} \qquad (6-13)$$

r_{ij} 为第 i 个被调查企业第 j 个指标的数值，其中 $i = 1, 2, \cdots, n, j = 1, 2, \cdots, 17$。

步骤 2：计算指标 j 下被调查企业 i 的占比。

$$P_{ij} = \frac{r_{ij}}{\sum\limits_{i=1}^{n} r_{ij}}, \ j = 1, 2, \cdots, 17 \qquad (6-14)$$

步骤 3：计算各指标熵值。

$$e_j = -k \times \sum_{i=1}^{n} P_{ij}\log(P_{ij})，\text{其中}\, k = \frac{1}{\ln 17}，i = 1，2，\cdots，n，j = 1，2，\cdots，17$$

$$(6-15)$$

步骤 4：计算各指标差异系数。

$$g_j = 1 - e_j，j = 1，2，\cdots，17 \qquad (6-16)$$

步骤 5：求各指标权数。

$$W_j = \frac{g_j}{\sum_{j=1}^{17} g_j}，j = 1，2，\cdots，17 \qquad (6-17)$$

步骤 6：处理样本数据。

$$R' = W_j \times R = \begin{pmatrix} w_1 r_{11} & \cdots & w_{17} r_{117} \\ \vdots & \ddots & \vdots \\ w_1 r_{n1} & \cdots & w_{17} r_{n17} \end{pmatrix}，j = 1，2，\cdots，17 \qquad (6-18)$$

步骤 7：训练 BP 神经网络风险识别模型。

BP 神经网络的结构中包含一个输入层、若干隐含层以及一个输出层，虽然隐层的数目无法确定，但目前研究以充分证明，若不对隐层节点数加以限制，则两层的 BP 神经网络模型可以实现任意的非线性映射。所以，本书选择含有一个隐含层的两层 BP 神经网络进行知识共享风险等级评价，网络模型如图 6-7 所示。输入层接收外部数据，在网络中起缓冲作用，输入变量的维数决定了节点的数量，根据表 6-4 指标体系的指标层数将输入层的节点数设置为 17；输出层的节点数意味着输出结果的维度，本模型的输出结果只有一个，即服务化制造业集群知识共享风险等级，所以将输出层的节点数设置为 1，具体分为五个等级：风险巨大（5）、风险较大（4）、风险一般（3）、风险较小（2）、无任何风险（1）。将 n 组样本数据分为两类：m 组作为训练集和 n－m 组作为验证集。设置网络训练状态的显示幅度、学习速率、动量系数、最大训练次数及误差精度。将训练集输入网络进行训练。

知识共享风险评价 BP 网络模型见图 6-8。

步骤 8：将预测值与实际值进行比对。

将检验组数据带入训练完毕的知识共享风险评价 BP 网络模型，比对输出值与实际值，生成数据折线图，进行误差分析。

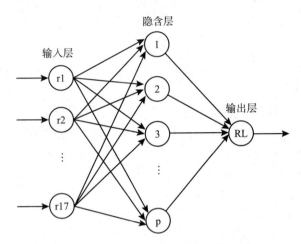

图 6 – 8   知识共享风险评价 **BP** 网络模型

6.3.2   实证分析

本书的数据收集方法为调查问卷法，问卷按照李克特五级量表对服务化制造业集群企业知识共享风险各影响因素进行客观性描述设置，选项赋值分别按照程度大小取 1～5，预测结果四舍五入取整数。调查面向具有丰富的组织间合作研发经历、知识管理经验及服务化制造业集群领域的员工、管理人员或专家。所有被调查者均具有服务化制造业企业研发或知识管理工作 3 年以上经验，在知识管理相关领域具有多年的教学科研经验。通过问卷星问卷调查网络平台向集群企业管理人员共发放问卷 200 份，共回收有效问卷 142 份，其中 70 份的调查对象为传统制造业集群，72 份的调查对象为服务化制造业集群。

（1）数据处理

将回收的样本数据按照调查对象分为传统制造业集群企业与服务化制造业集群企业两类，分别利用熵值法通过步骤 1 至步骤 5 求出各指标权重。对于熵值法而言，权重越小的指标代表其样本越趋同，差异性越小，信息量越少；指标越大的指标代表其样本数据越平均、分散，差异性越大，信息量越大。为了更直观的比较出传统与服务化制造业集群指标权重的差异，将两类集群指标的均值作为基准，偏差度用百分比表示，如图 6 – 9、图 6 – 10 所示。传统与服务化制造业集群的二级指标权重如表 6 - 5、表 6 - 6 所示。

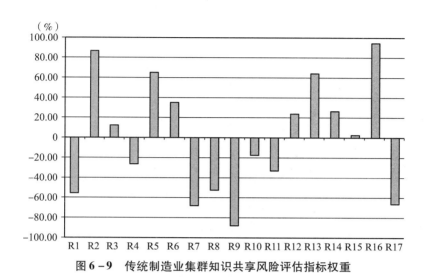

图 6 - 9　传统制造业集群知识共享风险评估指标权重

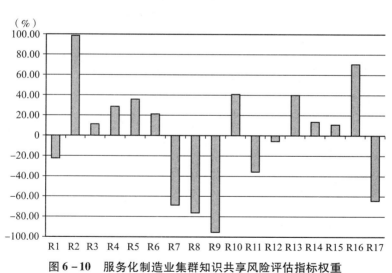

图 6 - 10　服务化制造业集群知识共享风险评估指标权重

表 6 - 5　　　　　　传统制造业集群知识共享风险评估二级指标权重

风险	信任缺失风险	契约终止风险	利益分配不均风险	知识接收风险	知识技术管理风险	知识编码能力风险	知识泄露风险
权重	0.17689	0.11803	0.05917	0.11643	0.17507	0.05906	0.2953

表 6-6   服务化造业集群知识共享风险评估二级指标权重

风险	信任缺失风险	契约终止风险	利益分配不均风险	知识接收风险	知识技术管理风险	知识编码能力风险	知识泄露风险
权重	0.177596	0.11848	0.0587	0.115764	0.17527	0.0588	0.29503

通过步骤 6 对服务化制造业集群的样本数据进行加权处理，将处理后数据的前 61 组样本作为训练集，后 11 组作为检验集，利用 MATLAB7.0 工具软件的神经网络工具箱进行训练，各网络参数设置如下：

net = newff(minmax(train1) , [40 , 1] , { 'tansig' , 'purelin'} , 'trainlm' , 'learngdm' , 'mse') ;

% 隐层神经元个数为 40,输出层神经元个数为 1

net. trainparam. show = 50 ; % 训练状态的显示幅度设定为 50

net. trainparam. lr = 0.01 ; % 学习速率设为 0.01

net. trainparam. mc = 0.9 ; % 动量系数设定为 0.9

net. trainparam. epochs = 500 ; % 训练次数上限为 500 次

net. trainparam. goal = 0.00001 ; % 误差精度不能超过 0.00001

（2）评价结果

利用熵值法得出的指标权重对服务化制造业集群数据进行处理，部分处理结果如表 6-7 所示。将数据代入 BP 神经网络模型，可以得到 11 个服务化制造业集群企业知识共享风险管理的综合评价得分如表 6-8 所示，模型预测值通过取整处理后，与调查实际值吻合，体现出本模型具有良好的预测评价性能。

表 6-7   熵值法处理后的部分调查问卷数据

序号	指标 1	指标 2	指标 3	指标 4	指标 5	指标 6	指标 7	指标 8	指标 9	指标 10
1	0.1756	0.1803	0.2359	0.2368	0.2371	0.2364	0.2317	0.2892	0.1727	0.1187
2	0.2927	0.0601	0.2948	0.2960	0.2964	0.0591	0.2897	0.2892	0.2878	0.2968
3	0.2341	0.1202	0.1179	0.1184	0.0593	0.0591	0.1159	0.2892	0.2878	0.1187
4	0.2341	0.2404	0.2359	0.2368	0.2371	0.2364	0.2317	0.2313	0.2303	0.2374

续表

序号	指标 1	指标 2	指标 3	指标 4	指标 5	指标 6	指标 7	指标 8	指标 9	指标 10
5	0.1756	0.1803	0.0590	0.1184	0.1186	0.2364	0.1159	0.2313	0.2878	0.0594
6	0.1756	0.1803	0.1769	0.1776	0.1779	0.2364	0.2317	0.1735	0.1727	0.1187
7	0.1171	0.1202	0.1179	0.1776	0.1779	0.2364	0.2897	0.2892	0.2878	0.1781
8	0.0585	0.1803	0.0590	0.0592	0.2371	0.1773	0.1738	0.1735	0.2303	0.1781
9	0.2927	0.0601	0.1179	0.1184	0.1186	0.2364	0.1738	0.2892	0.2878	0.2968
10	0.1171	0.1202	0.1769	0.2368	0.1779	0.1773	0.1738	0.1735	0.2303	0.1781
11	0.0585	0.0601	0.2948	0.2960	0.2964	0.2955	0.2897	0.0578	0.2878	0.2968
12	0.1756	0.0601	0.1769	0.2368	0.2371	0.1182	0.1738	0.2892	0.2878	0.0594
13	0.1756	0.1803	0.1769	0.0592	0.2964	0.1773	0.1738	0.1735	0.1727	0.1781
14	0.1171	0.1202	0.1179	0.1776	0.2371	0.0591	0.1159	0.1157	0.1727	0.1187
15	0.2341	0.1803	0.2359	0.2368	0.1779	0.1773	0.2317	0.2313	0.2878	0.1781
16	0.1756	0.0601	0.0590	0.0592	0.0593	0.0591	0.0579	0.2892	0.2878	0.0594
17	0.0585	0.1202	0.2359	0.0592	0.1779	0.1773	0.0579	0.2892	0.2303	0.1781
18	0.2341	0.0601	0.1769	0.2960	0.0593	0.1182	0.1738	0.2313	0.2878	0.0594

表 6 – 8					模型输出值与实际值					
序号	1	2	3	4	5	6	7	8	9	10	11
实际值	2	3	3	2	3	2	4	3	4	2	2
输出值	1.9159	2.8095	2.5434	1.5789	2.5792	1.8428	3.7789	3.0027	3.6023	2.2	2.2555
取整	2	3	3	2	3	2	4	3	4	2	2

（3）传统与服务化集群知识共享风险识别结果分析

对传统制造业集群和服务化制造业集群而言，指标体系的权重由于知识共享过程中知识传递频率、知识共享对象、知识形式等多方面的差异，知识共享风险的发生频次、大小等也有所不同，所以在对集群企业进行风险评价时，对两类集群使用同一套指标体系的权重进行数据处理的做法欠妥。如图 6 – 9、图 6 – 10 所示，利用熵值法进行计算得到的传统制造业集群与服务化制造业集群的知识共享风险指标体系权重确实存在差异。对于熵值法而言，权重越小的指标代表其样本越趋同，差异性越小，信息量越少；指标越大的指标代表其样本数据越平均、分散，差异性越大，信息量越大。

对于单项评价指标的权重而言，传统制造业集群和服务化制造业集群评价指标权重最小的均为知识传递媒介的丰富程度指标，表示两类集群对于知识传递媒介丰富程度情况相对集中。通过对样本数据的统计分析，目前制造业集群企业已经意识到单一知识传递媒介造成知识泄露的可能性更大，所以大部分集群企业已经选择多种媒介进行知识的共享，所以对于此指标对于知识共享风险等级的评估贡献不大。对于已经进行选取多种传递媒介进行知识共享的企业，不应为了降低知识技术管理风险在此方面进行过度的投入。

根据以往相关研究的结论可知，参与知识共享的企业数量过多会增加知识泄露的风险，而传统制造业集群单项指标权重最大的为参与知识共享的企业数量情况（R16），企业知识共享伙伴的数量相对分散，由此可知，传统集群企业在知识共享过程中并没有关注到参与共享成员数量会增加风险这一问题。由传统制造业集群知识共享过程图可知，传统制造集群较服务化制造业集群而言，具有更多的知识共享对象（代理商、中介服务机构、售后维护中心等下游组织），在知识共享过程中更容易出现知识共享企业数量过多的情况，对此，企业应根据自身知识管理的情况限定企业可以把控的知识共享企业数量，分批、分拨、分场合、分平台的进行不同合作伙伴间的知识共享，减少知识泄露的风险。

对于服务化制造业集群单项指标权重最大的为合作企业出现机会主义的情况（R2），说明被调查企业不一定曾遭遇过合作企业盗用本公司知识产权或利用其他公司知识为己谋利的情况，但对于知识共享的伙伴选择首先要考虑合作对象是否出现过诚信方面的商业纠纷或劣迹，尽量避免与诚信度差的企业进行知识共享合作；若合作企业诚信度良好，应与其建立并维系稳固的信任关系，减少关系风险的发生概率。由服务化制造业集群知识共享过程图可知，由于服务型制造企业为了开拓更广泛的业务市场，提升对顾客需求的快速响应，不得不加强与供应企业和互补企业的知识协同创新，而机会主义所引发的信任缺失风险通常出现于与供应组织和互补组织的知识交流过程中，所以在进行知识共享前，核心服务型制造企业应利用自身的资源优势，制定科学严格的知识协同创新伙伴的选择标准，多方面调查、考察合作企业的诚信度，将合作企业机会主义带来的信任缺失风险或知识泄露风险降低到最小。在知识共享进行过程中，利用有效的监管手段与合理的监管制度形成严密的知识共享过程控制，是降低知识共享风险的保障。例如，可以建立各企业参与的监管部门，利用预付资金建立诚信基金，从而降低成员的机会主义倾向。

两类集群知识传递媒介丰富程度情况见图6－11。

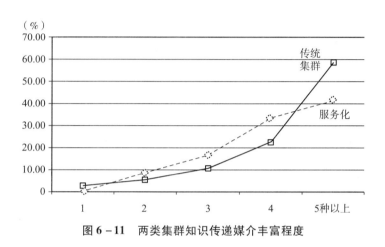

图6－11　两类集群知识传递媒介丰富程度

对各类风险每项指标的平均权重进行对比（如表6－9）发现，对于传统制造业集群指标平均权重相对较大的风险为利益分配不均风险，对于服务化制造业集群指标平均权重相对较大的风险为契约终止风险，对于两类集群指标平均权重相对较小的风险均为知识接受风险。

表6－9　　　　　　　传统与服务化制造业集群风险权重对比结果

集群类型	权重类型	风险	该风险每项指标的平均权重	知识流代码
传统制造业集群	相对较大	利益分配不均风险	0.059176	③④⑥⑧
	相对较小	知识接收风险	0.058219	①②③④⑤⑥⑦
服务化制造业集群	相对较大	契约终止风险	0.059249	①③⑤⑦
	相对较小	知识接收风险	0.057882	①②③④⑦

两类集群平均权重相对较小的知识接收风险包含两项评价指标：知识背景差异大（R7）与组织的学习能力弱（R8）。通过对样本数据的统计分析，两

项指标的调查结果均相对集中（如图 6 – 12、图 6 – 13 所示）。在与自身知识背景差异较大的公司进行知识共享时，两类集群企业均认为在知识的理解上具有相对大的难度，但为了将知识转化为自身可以利用的知识，企业加强了自身对知识学习的能力，针对理解难度较大的知识，具备基本或完全将其转化为企业内部知识的能力。对于多数面临知识理解与转化能力问题的企业而言，已经采取了相应措施提升了企业自身知识接收能力，故这项指标对于改善企业自身风险状况的效用价值较小。但并不代表在知识贡献过程中不应重视知识接收风险，由于在两类集群知识共享过程中，知识接收风险出现的频率较大，多数知识流都隐含知识接收风险（如表 6 – 2 所示），一旦疏于管理，降低了对自身知识学习能力的要求，很可能造成更多人力、资金、知识等资源的浪费，为企业带来不必要的损失。

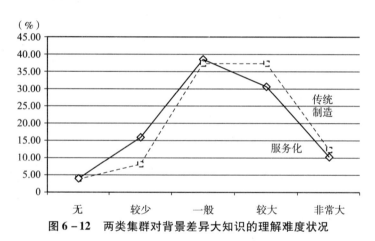

图 6 – 12　两类集群对背景差异大知识的理解难度状况

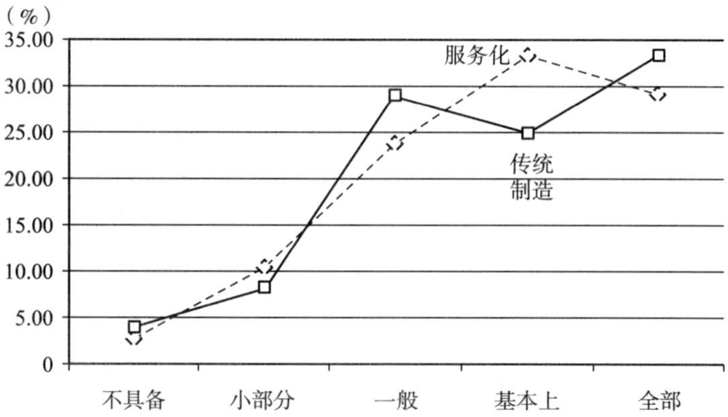

图 6 – 13　两类集群知识学习能力的状况

通过对样本数据的统计分析，两类集群的契约终止风险（如图 6 - 14）与利益分配不均风险（如图 6 - 15）状况均相对平均，信息量较大，对自身知识共享风险等级的评定影响较大。知识共享风险状况较差的企业在改善自身知识共享风险时，应首先对权重较大的契约终止风险与利益分配不均进行识别，正确评估自身在契约履行与管理方面、知识共享利益分配机制与行使方面是否出现疏漏与不足，及时进行调整，由此可以有效的改善自身知识共享风险管理的状况。

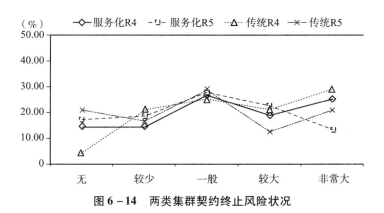

图 6 - 14　两类集群契约终止风险状况

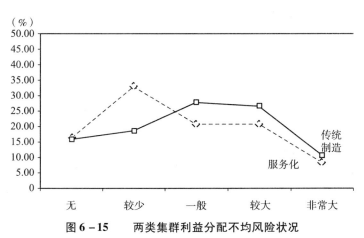

图 6 - 15　两类集群利益分配不均风险状况

（4）组合评价模型的准确性分析

图 6 - 16 为 EBP 组合评价模型的预测结果示意图、图 6 - 17 为未经熵值法处理的 BP 风险识别模型的预测结果示意图。图 6 - 18 给出了两类风险识别模

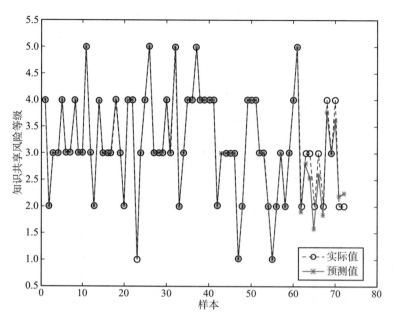

图 6-16　服务化制造业集群知识共享风险评价模型预测结果

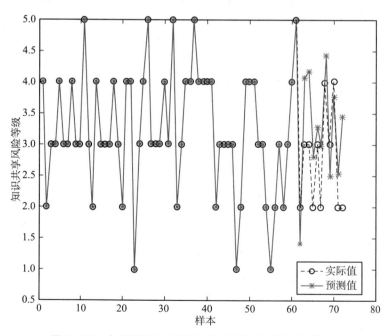

图 6-17　未经熵值法处理的 **BP** 风险识别模型预测结果

型结果相对误差的比较示意图。由图 6 - 16、图 6 - 17 的预测结果可见，本书
提出的 EBP 组合评价模型的预测值与实际值在整体上更加贴近，一方面体现
出本模型的良好预测性能，另一方面也对本书所建立的服务化制造业集群知识
共享风险识别指标体系进行了肯定。

如图 6 - 18 所示，相较未经熵值法处理的 BP 风险识别模型而言，由于通
过熵值法进行线性加权处理有利于把握预测样本的整体趋势和特征，使得本书
构建的 EBP 风险识别模型在预测性能上有所提升，预测结果更加平稳。

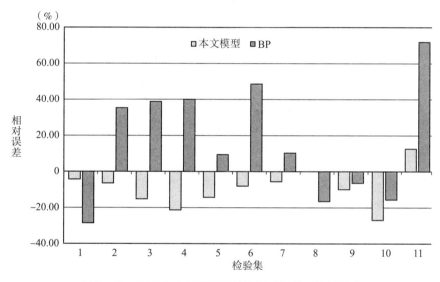

图 6 - 18　两类风险识别模型结果相对误差的比较示意

（5）模型的应用

本书所构建的 EBP（熵值法和 BP 神经网络）服务化制造业集群知识共享
风险组合评价模型具有以下两点应用：

①对于集群管理部门而言，可以利用本模型对园区整体的风险情况进行评
价，了解目前园区所处状态，为集群制定行之有效的知识共享风险管理制度提
供参照。

②对于集群内企业而言，本模型作为企业知识风险管理自评的方法之一。
一方面，可以利用 EBP 模型进行集群企业目前知识共享风险管理等级的评估。
企业可以结合自身特点建立知识共享风险预警机制。风险预警可以让企业知识

共享主体积极主动、有计划地对其知识共享过程中存在的各种风险进行测定、识别、评价和分析，适时采取行之有效的方法进行管控，以确保知识共享活动过程的安全性[44]。在企业内部设立独立部门，负责记录与审核知识共享过程的动态信息，定期在与企业外部知识交流密度较大的部门运用 E – BP 或其他知识共享风险识别模型进行风险等级的评定，以便及时发现问题所在，一旦风险等级过高，及时进行知识共享风险评估，采取相应的应急措施将损失降至最小。另一方面，在评估出知识共享状况后，服务化制造业集群企业在进行改进时可以参考各指标权重的大小，优先选取权重较高、包含信息量较大的指标进行测定、分析，及时对薄弱环节进行针对性的优化改进，这样可以大大提升优化企业知识共享风险管理等级的效率，及时为企业避免不必要的损失。

6.4 本章小结

本书延续了知识共享风险识别方法的发展趋势，基于现有方法模型所存在的不足，借鉴组合评价的思想，构建了熵值法（entropy value method）和 BP 神经网络相融合的 EBP 服务化制造业集群知识共享风险组合评价模型。利用熵值法计算了两类集群知识共享风险评价指标的权重，并运用 E – BP 组合评价模型进行了服务化制造业集群知识共享风险的评价。通过对两集群指标权重及各风险平均权重的特征分析，为传统与服务化集群知识共享风险规避提供了针对性的建议。此外，通过实证分析验证了模型的有效性与合理性，并通过与 BP 神经网络模型的误差对比分析，证实了该模型在知识共享风险识别方面的准确度更高。

第7章

结　论

当今时代，知识已成为组织中最具有战略性的资源。企业为了提高自身竞争力会有意识地获取新知识。但客户需求的多变性、产品更迭速度的加快迫使企业迅速做出响应，知识协同合作成为一种重要选择。产业集群多是以低成本的集聚，不少企业还停留在模仿、低价竞争的阶段，缺乏创新能力和竞争能力，这严重制约着我国产业集群经济的发展，目前集群企业间创新的潜力并没有完全发挥，原因是创新模式依然是以知识溢出为主，并未形成知识协同。针对这一问题，本文从知识协同管理实践的内涵和机制，知识协同网络构建的伙伴选择、合作模式选择以及知识协同网络的优化等方面进行了介绍。

首先选择了协同知识管理实践的内涵和机制作为关注的焦点，详细研究了协同知识管理实践的结构维度、前因和后果变量，并以北京、上海、山东、浙江以及广东等5个地区的342家产业集群企业为样本进行实证研究，得到以下结论：在产业集群中，一是协同知识管理实践是一个多维构念，包括协同知识创造、协同知识存储、无障碍的知识获取、协同知识扩散以及协同知识应用5个维度，其结构与传统知识管理实践有一定的相似性。二是协同知识管理实践的成功需要考虑三方面的因素：组织的特点、知识属性以及环境因素。组织方面，组织授权、高层管理支持、组织技术准备以及协作文化与协同知识管理实践是显著正相关的；知识属性方面，知识的互补性与协同知识管理实践是显著正相关的；环境方面，环境不确定性、外界压力以及伙伴关系与协同知识管理实践是显著正相关的。三是不同因素对协同知识管理实践的影响效果有差异，知识因素的影响效果最强（平均路径系数为0.568），组织因素的影响次之（平均路径系数为0.43775），情境方面因素相对较弱（平均路径系数为

0.308）。四是协同知识管理实践对组织的知识活动和业务发展有积极影响，表现为协同知识管理实践与组织的知识质量、集群供应链整合以及组织创新是显著正相关的。

接下来，探讨了知识协同网络构建的伙伴选择问题。本书采用文献分析的方法，对国内外知识整合影响因素方面的相关研究成果进行搜索，共搜集到相关文献83篇，结合产业集群企业在协同研发过程中知识整合的特点，对已有的54个影响因素进行筛选，合并重复或内涵相似的因素，并剔除出现次数较少的因素，最终本文从知识特性、主体特性、组织特性三个方面进行归纳，筛选出12个产业集群成员知识整合影响因素。运用模糊集理论和DEMATEL方法研究制造业集群企业协同研发影响因素间的相互关系并识别关键因素，根据王和常提出的语言变量与三元模糊数的转化方法来设计问卷，对制造业集群企业协同研发伙伴选择的复杂性和独特性，从知识整合的角度出发，选取知识的交互性、知识的互补性、知识的相容性、动机与意愿、知识转移能力、知识吸收能力、信任、组织文化、预期收益、激励机制、成员间的关系距离、IT技术水平等指标构建了伙伴选择指标体系，并运用BP神经网络模型进行企业协同伙伴的选择。通过实证研究，证明的模型的有效性和可行性。

然后，文章又探讨了知识协同网络构建的合作模式选择问题。首先根据合作双方在产业链上所处的位置，将企业合作研发模式分为横向合作研发和纵向合作研发。并在对制造业产业集群企业合作研发模式分析的基础上，从知识特性、知识互补、知识转移、知识吸收、知识冲突、交互意愿等方面对影响合作研发的知识因素进行了介绍，并重点分析了知识因素对企业合作研发的影响。研究发现：当企业所处的外部市场环境一定时，随着知识影响因素的增强，不论横向合作还是纵向合作，企业的研发收益率都呈现先下降后上升的趋势。研发收益率随着知识能力变动而改变。在知识影响因素较强大时，横向研发合作收益率小于纵向研发合作收益率；随着知识影响因素的逐渐降低，两者间的差距逐渐缩小，当超过一定值时，横向研发合作收益率大于纵向研发合作收益率。因此，当企业的知识管理能力较低时，企业应选择横向研发合作模式，当知识管理能力较高时应选择纵向研发合作模式，以达到收益最大化。

接着下来的两章，本书主要探讨了知识协同网络的优化。在已有研究基础上，提出了两条路径：一是通过知识服务中介作用来优化；二是通过控制知识共享风险来优化。

对于知识服务对协同网络的优化探索，本书首先，理清了制造业产业集群中知识服务现状特征和集群知识合作创新模式，认为制造业产业集群中生产部门与知识服务业围绕知识感知、知识确认、知识选择、知识吸收、知识创新和知识输出六个环节进行知识合作创新；知识服务业主要分为知识提供主体、知识中介主体和知识集成主体。不同主体通过参与知识创新的六个不同阶段促进知识合作效率。然后，从知识服务供应链角度分析了知识服务不同主体对集群知识合作创新的影响机理，并选取潍坊市的重装备制造业集群作为研究对象，使用 UCINET 软件对集群中四种关系网络结构现状进行了分析。通过与去掉相应的知识服务主体后关系网络的比较分析发现：一是知识提供主体对知晓网中心性和派系影响较大，但同时应该注意知识提供主体占比较大，应该剔除网络因大小的变化引起的结构变化。另外知识提供主体对知识网络密度、中心性和平均距离有较大影响。二是知识中介主体对沟通网络平均距离和派系影响较大，对知识网络密度和派系影响较大。其中对沟通网络平均距离影响要大于知识提供主体的影响。但是对知识网络中平均距离影响有限，弱于知识提供主体。三是知识集成主体对沟通网络派系影响较大，对知识网络密度、平均距离和派系影响较大。其中知识网络中平均距离影响有限，弱于知识提供主体。但考虑到知识集成主体只有两个节点，对派系的影响的影响力却与知识提供主体的五个节点影响相当，说明知识集成主体对知识网络派系的影响要强于知识提供主体。以此为基础，从知识服务业发展的角度提出该产业集群发展的建议。

对于第二条路径的探索，本研究聚焦于服务化制造业集群知识共享风险评价的研究。首先，将传统制造业集群于服务化制造业集群的知识共享过程进行对比分析，利用流程图与表格的形式将知识流传递内容按照显性知识与隐性知识进行分类，将传递过程中可能出现的风险按照共有知识流、特有知识流进行分类，此外针对各知识流以及传递内容的特点分析了知识流可能产生的知识共享风险。其次，构建了服务化制造业集群知识共享风险层次结构和评价指标体系，将服务化制造业集群知识共享风险分为关系风险、利益风险、知识共享能力风险。其中关系风险包含信任缺失风险、契约终止风险；利益风险包含利益分配不均风险；知识共享能力风险包含知识接收风险、知识技术管理风险、知识编码能力风险和知识泄露风险。共包含 17 项三级评价指标。再次，利用熵值法确定传统制造业集群与服务化制造业集群的知识共享风险指标权重，并通过对两集群指标权重及各风险平均权重的特征分析，为传统与服务化集群知识共享风险规避与知识共享风险管理供了针对性的建议。最后，构建了基于 EBP 的服务化制造业集群企业知识共享风险组合评价模型，通过实证分析验证了模型的有效性与合理性，并通过与 BP 神经网络模型的误差对比分析证实了本文模型的进步性。

参 考 文 献

［1］柯青，刘高勇．面向 CRM 的知识协同体系研究［J］．情报杂志，2009（10）：115 – 119．

［2］吴冰，刘仲英．供应链协同知识创新的决策研究［J］．同济大学学报：（自然科学版），2009（9）：1277 – 1281．

［3］王悦．基于知识链的供应链协同知识创新模式研究［J］．商场现代化，2008（35）：93 – 94．

［4］Li Yulong. A Research model for collaborative knowl-edge management practice，supply chain integration and performance［D］. University of Toledo，2007．

［5］Wagner C. Wiki：A technology for conversational knowl-edge management and group collaboration［J］. Commu-nications of AIS，2004（13）：265 – 289．

［6］Ya Chin Kang，Guan Li Chen，et al. The exploratory study of on-line knowledge sharing by applying Wikicollaboration system［J］. I – Business，2010，2（3）：243 – 248．

［7］冯博．网络环境下的知识协同管理问题研究［D］．沈阳：东北大学，2006．

［8］Holsapple C W，Joshi K D. A collaborative approach to ontology design［J］. Communications of the ACM，2002，45（2）：42 – 47．

［9］黄哲．基于知识网络平台的协同知识创新系统的构建［J］．科技与管理，2008，10（6）：80 – 82．

［10］梁莹．基于语义网的企业知识协同管理研究［J］．计算机应用研究，2009（11）：4159 – 4161．

［11］Hai Zhuge. Semantic component networking：Toward the synergy of static reuse and dynamic clustering of re-sources in the knowledge grid［J］. Journal of Systemsand Software, 2006, 79 (10): 1469 – 1482.

[12] 郭兆. 知识链构建中的企业集群知识协同模型研究 [J]. 财务与金融, 2009 (2): 63 – 68.

[13] 李丹. 集群环境下知识协同优势及其形成机理研究 [J]. 商场现代化, 2009 (7): 73 – 74.

[14] 田锋, 李人厚, 顾新华, 秦明, 张金成. 协同设计中人力资源组织和知识管理的研究 [J]. 系统工程理论与实践, 2003, 23 (7): 17 – 23.

[15] 张小蒂, 赵榄, 林怡. 产业集群创新力提升机制研究——以桐庐制笔为例 [J]. 管理评论, 2011 (4): 18 – 24.

[16] 刘松, 李朝明. 基于产业集群的企业协同知识创新内在机理研究 [J]. 科技管理研究, 2012 (2): 135 – 138.

[17] 潘瑞玉. 供应链知识协同与集群企业创新绩效关系的实证研究——基于组织学习的中介作用 [J]. 商业经济与管理, 2013 (4): 89 – 96.

[18] 张彩虹, 钟青仪. 基于组织边界跨越的知识协同创新分析 [J]. 商业研究, 2014 (1): 81 – 86.

[19] 石宝明. 企业协同知识管理研究 [D]. 吉林大学, 2009: 5 – 6.

[20] 徐少同, 孟玺. 知识协同的内涵、要素与机制研究 [J]. 科学学研究, 2013 (7): 976 – 982.

[21] Karlenzig W, Patrick J. Tap into the power of knowledge collaboration [J]. Customer interaction solutions, 2002, 20 (11): 22 – 23.

[22] Van Den Bosch F. A. J., Volberda H. W., De Boer M. Coevolution of firm absorptive capacity and knowledge environment: Organizational forms and combinative capabilities [J]. Organization Science, 1999, 10 (5): 551 – 568.

[23] Yulong Li. A Research Model for Collaborative Knowledge Management Practice, Supply Chain [D]. The University of Toledo, 2009.

[24] 张少杰, 石宝明. 企业协同知识管理研究 [J]. 学习与探索, 2009 (6): 171 – 173.

[25] 李丹. 企业群知识协同要素及过程模型研究 [J]. 图书情报工作, 2009 (14): 76 – 79.

[26] 王玉. 论企业图书馆的协同知识管理策略 [J]. 情报杂志, 2007 (5): 79 – 81.

[27] Rogers E. M.. Diffusion of preventive innovations [J]. Addictive behaviors, 2002, 27 (6): 989 – 993.

[28] Tornatzky L. G., Fleischer M.. The Processes of Technological Innovation [M]. Lexington, MA: Lexington Books, 1990.

[29] Charalambos L Iacovou, Izak Benbasat, Albert S Dexter. Electronic Data Interchange and Small Organizations: Adoption and Impact of Technology [J]. MIS Quarterly, 1995, 19 (4): 465 – 485.

[30] 舒曼. 研发联盟的知识协同机制研究 [D]. 湖北工业大学, 2012.

[31] 刘静卜. 集群企业协同知识管理系统模型研究 [D]. 华侨大学, 2012.

[32] 李光生, 张韬, 黄介武. 协作文化与领导角色对知识共享的影响作用研究 [J]. 科技进步与对策, 2009 (10): 104 – 109.

[33] Davenport T. H., Prusak L.. Working Knowledge: How Organizations Manage What They Know [M]. Boston: Harvard Business Press, 1998.

[34] Kuo H. T., Yin T. J. C., Li I.. Relationship between organizational empowerment and job satisfaction perceived by nursing assistants at long-term care facilities [J]. Journal of clinical nursing, 2008, 17 (22): 3059 – 3066.

[35] Peterson N. A, Zimmerman M. A.. Beyond the individual: Toward a nomological network of organizational empowerment [J]. American journal of community psychology, 2004, 34 (1 – 2): 129 – 145.

[36] Roper S, Crone M.. Knowledge complementarity and coordination in the local supply chain: Some empirical evidence [J]. British Journal of Management, 2003, 14 (4): 339 – 355.

[37] Cohen S. G, Bailey D. E.. What makes teams work: Group effectiveness research from the shop floor to the executive suite [J]. Journal of management, 1997, 23 (3): 239 – 290.

[38] Reagans R, Zuckerman E. W.. Networks, diversity, and productivity: The social capital of corporate R&D teams [J]. Organization science, 2001, 12 (4): 502 – 517.

[39] Koufteros X, Vonderembse M, Doll W. Concurrent engineering and its consequences [J]. Journal of operations management, 2001, 19 (1): 97 – 115.

［40］ Currall S. C. , Judge T. A. . Measuring trust between organizational boundary role persons ［J］. Organizational behavior and Human Decision processes, 1995, 64 (2): 151 – 170.

［41］ Connelly C. E. , Kelloway E. K. . Predictors of employees' perceptions of knowledge sharing cultures ［J］. Leadership & Organization Development Journal, 2003, 24 (5): 294 – 301.

［42］ Boddy D, Macbeth D, Wagner B. Implementing collaboration between organizations: An empirical study of supply chain partnering ［J］. Journal of Management studies, 2000, 37 (7): 1003 – 1018.

［43］ Ramesh B, Tiwana A. Supporting collaborative process knowledge management in new product development teams ［J］. Decision support systems, 1999, 27 (1): 213 – 235.

［44］ Tollinger I, McCurdy M, Vera A H, et al. Collaborative knowledge management supporting mars mission scientists ［C］. //Proceedings of the 2004 ACM conference on Computer supported cooperative work. ACM, 2004: 29 – 38.

［45］ Hill C. A. , Scudder G. D. . The use of electronic data interchange for supply chain coordination in the food industry ［J］. Journal of Operations Management, 2002, 20 (4): 375 – 387.

［46］ Hult G. T. M. , Hurley R. F. , Knight G A. Innovativeness: Its antecedents and impact on business performance ［J］. Industrial marketing management, 2004, 33 (5): 429 – 438.

［47］ 李怡娜, 叶飞. 高层管理支持、环保创新实践与企业绩效——资源承诺的调节作用 ［J］. 管理评论, 2013 (1): 120 – 127, 166.

［48］ 陈国权, 王晓辉, 李倩, 雷家骕. 组织授权对组织学习能力和战略柔性影响研究 ［J］. 科研管理, 2012 (6): 128 – 136.

［49］ 徐小三, 赵顺龙. 知识基础互补性对技术联盟的形成和伙伴选择的影响 ［J］. 科学学与科学技术管理, 2010 (3): 101 – 106.

［50］ 许德惠, 李刚, 孙林岩, 赵丽. 环境不确定性、供应链整合与企业绩效关系的实证研究 ［J］. 科研管理, 2012 (12): 40 – 49.

［51］ 阎海峰, 陈灵燕. 承诺型人力资源管理实践、知识分享和组织创新的关系研究 ［J］. 南开管理评论, 2010 (5): 92 – 98, 106.

［52］ Jimenez – Jimenez, D. , Sanz – Valle, R. . Could HRM Support Organizational Innovation ［J］. International Journal of Human Resource Management, 2008, 19 （7）: 1208 – 1221.

［53］ Swink M, Narasimhan R, Wang C. Managing beyond the factory walls: Effects of four types of strategic integration on manufacturing plant performance ［J］. Journal of Operations Management, 2007, 25 （1）: 148 – 164.

［54］ DeLone, W. H. , McLean, E. R. . Information systems success: The quest for the dependent variable. Information Systems research, 1992 （3）: 60 – 95.

［55］ 叶飞, 徐学军. 供应链伙伴关系间信任与关系承诺对信息共享与运营绩效的影响 ［J］. 系统工程理论与实践, 2009 （8）: 36 – 49.

［56］ Ballou. R. H. , Gillbert, S. M. and Mukherjee, A. New managerial challenge om supply chain opportunities ［J］. Industrial marketing Management, 2000 （29）: 7 – 18.

［57］ Alavi, M. , Tiwana, A. . Knowledge integration in virtual teams: The potential role of KMS. Journal of the American Society for Information Science and Technology, 2002, 53 （12）: 1029 – 1037.

［58］ Li, Suhong. An integrated model for supply chain management practice, performance and competitive advantage ［D］. University of Toledo, Toledo, OH, 2002.

［59］ Matthews R. A, Diaz W. M, Cole S. G. The organizational empowerment scale ［J］. Personnel Review, 2003, 32 （3）: 297 – 318.

［60］ 孙彪, 刘玉, 刘益. 不确定性, 知识整合机制与创新绩效的关系研究——基于技术创新虚拟组织的特定情境 ［J］. 科学学与科学技术管理, 2012 （1）: 53 – 59.

［61］ 田银华, 周志强, 廖和平, 等. 基于 BP 神经网络的家族企业契约治理模式识别与选择研究 ［J］. 中国管理科学, 2011, 19 （1）: 159 – 166.

［62］ 王静. 产业规模集群效应的区域科技虚拟研发虚拟组织 ［J］. 科学管理研究, 2009 （5）: 39 – 43.

［63］ 郭永辉. 基于计划行为理论的设计链知识持续分享模型 ［J］. 科学学研究, 2008, 26 （z1）: 159 – 165.

［64］ Alavi M, Tiwana A. Knowledge integration in virtual teams: The potential role of KMS [J]. Journal of the American Society for Information Science and Technology, 2002, 53 (12): 1029 – 1037.

[65] Frost T S, Zhou C. R&D co-practice and 'reverse' knowledge integration in multinational firms [J]. Journal of International Business Studies, 2005, 36 (6): 676 – 687.

[66] 张可军，廖建桥，张鹏程. 变革型领导对知识整合影响：信任为中介变量 [J]. 科研管理，2011 (3): 150 – 158.

[67] 陈文春，袁庆宏. 关系原型对组织知识整合能力形成的作用机制：基于组织学习的视角 [J]. 科学管理研究，2009 (6): 61 – 64, 109.

[68] Wegner D M. Transactive memory: A contemporary analysis of the group mind [M]. Theories of group behavior. Springer New York, 1987: 185 – 208.

[69] 宋志红，陈澍，范黎波. 知识特性，知识共享与企业创新能力关系的实证研究 [J]. 科学学研究，2010, 28 (4): 597 – 604.

[70] 张钢，熊立. 成员异质性与团队绩效：以交互记忆系统为中介变量 [J]. 科研管理，2009, 1 (30): 71 – 80.

[71] Lofstrom S M. Absorptive capacity in strategic alliances: Investigating the effects of individuals' social and human capital on inter-firm learning [J]. Management, 2000 (301): 405 – 3522.

[72] Yao Z, Yang Z, Fisher G J, et al. Knowledge complementarity, knowledge absorption effectiveness, and new product performance: The exploration of international joint ventures in China [J]. International Business Review, 2013, 22 (1): 216 – 227.

[73] Berdrow I, Lane H W. International joint ventures: Creating value through successful knowledge management [J]. Journal of world business, 2003, 38 (1): 15 – 30.

[74] 李煜华，高杨，胡瑶瑛. 基于结构方程模型的复杂产品系统技术扩散影响因素分析 [J]. 科研管理，2012, 33 (5).

[75] Cooper R B, Zmud R W. Information technology implementation research: a technological diffusion approach [J]. Management science, 1990, 36 (2): 123 – 139.

[76] Ajzen I. The theory of planned behavior [J]. Organizational behavior and

human decision processes, 1991, 50 (2): 179 – 211.

［77］刘红丽，赵蕾，王夏洁. 高技术产业集群隐性知识转移的影响因素研究［J］. 科技管理研究，2009，29（12）：528 – 530.

［78］王娟茹，杨瑾. 基于模糊 TOPSIS 的复杂产品研发团队知识集成能力评价［J］. 科学学与科学技术管理，2009，30（10）：187 – 190.

［79］Martin X, Salomon R. Knowledge transfer capacity and its implications for the theory of the multinational corporation［J］. Journal of International Business Studies, 2003, 34 (4): 356 – 373.

［80］陈伟，付振通. 复杂产品系统创新中知识获取关键影响因素研究［J］. 情报理论与实践，2013（3）：62 – 67.

［81］Grant R M. Prospering in dynamically-competitive environments: Organizational capability as knowledge integration［J］. Organization science, 1996, 7 (4): 375 – 387.

［82］周永红，吴娜，朱红灿. 企业联盟知识共享动因，障碍及克服［J］. 情报理论与实践，2011，34（4）：31 – 34.

［83］李显君，马雅非，徐可等. 汽车产品开发过程知识共享影响因素实证研究［J］. 科研管理，2011，32（2）：28 – 36.

［84］Davenport T H, David W, Beers M C. Successful knowledge management projects［J］. Sloan management review, 1998, 39 (2): 43 – 57.

［85］Dhanaraj C, Lyles M A, Steensma H K, et al. Managing tacit and explicit knowledge transfer in IJVs: The role of relational embeddedness and the impact on performance［J］. Journal of International Business Studies, 2004, 35 (5): 428 – 442.

［86］谢洪明，王成，王琪. 知识整合：内部社会资本和组织文化作用——华南地区企业的实证研究［J］. 科学管理研究，2006，24（4）：65 – 69.

［87］David W, Fahey L. Diagnosing cultural barriers to knowledge management［J］. The Academy of Management Executive, 2000, 14 (4): 113 – 127.

［88］Bock G W, Zmud R W, Kim Y G, et al. Behavioral intention formation in knowledge sharing: Examining the roles of extrinsic motivators, social-psychological forces, and organizational climate［J］. Mis Quarterly, 2005: 87 – 111.

［89］李志宏，朱桃，罗芳. 组织气氛对知识共享行为的影响路径研究——

基于华南地区 IT 企业的实证研究与启示 [J]. 科学学研究，2010，28（6）：894－901.

[90] Husted K, Michailova S. Diagnosing and fighting knowledge-sharing hostility [J]. Organizational Dynamics, 2002, 31 (1): 60－73.

[91] Yue Wah C, Menkhoff T, Loh B, et al. Social capital and knowledge sharing in knowledge-based organizations: An empirical study [J]. International Journal of Knowledge Management, 2007, 3 (1): 29－48.

[92] Lee D J, Ahn J H. Rewarding knowledge sharing under measurement inaccuracy [J]. Knowledge management research & practice, 2005, 3 (4): 229－243.

[93] 王娟茹，杨瑾. 影响复杂产品研发关键干系人知识共享行为的因素研究 [J]. 科研管理，2012，33（12）.

[94] Walter J, Lechner C, Kellermanns F W. Knowledge transfer between and within alliance partners: Private versus collective benefits of social capital [J]. Journal of Business Research, 2007, 60 (7): 698－710.

[95] Davenport T H, Pruzak L. Working knowledge: How organizations manage what they know [M]. Harvard Business Press, 2000.

[96] 丛海涛，唐元虎. 隐性知识转移，共享的激励机制研究 [J]. 科研管理，2007，28（1）：33－37.

[97] 陈伟. 供应链企业间知识共享影响因素的实证研究 [D]. 重庆大学，2008.

[98] 潘文安. 关系强度，知识整合能力与供应链知识效率转移研究 [J]. 科研管理，2012，33（1）：147－153.

[99] Tsai W, Ghoshal S. Social capital and value creation: The role of intrafirm networks [J]. Academy of management Journal, 1998, 41 (4): 464－476.

[100] 殷国鹏，陈禹. 企业信息技术能力及其对信息化成功影响的实证研究——基于 RBV 理论视角 [J]. 南开管理评论，2009，12（4）：152－160.

[101] Zhou A Z, Fink D. Knowledge management and intellectual capital: An empirical examination of current practice in Australia [J]. Knowledge Management Research & Practice, 2003, 1 (2): 86－94.

［102］ Opricovic S, Tzeng G H. Compromise solution by MCDM methods： A comparative analysis of VIKOR and TOPSIS ［J］. European Journal of Operational Research, 2004, 156 (2)： 445 – 455.

［103］ 吴林海, 张秋琴, 山丽杰等. 影响企业食品添加剂使用行为关键因素的识别研究：基于模糊集理论的 DEMATEL 方法 ［J］. 系统工程, 2012 (7)： 9.

［104］ Wang M J J, Chang T C. Tool steel materials selection under fuzzy environment ［J］. Fuzzy Sets and Systems, 1995, 72 (3)： 263 – 270.

［105］ 彭展声. 合作研发伙伴选择的模糊多属性决策 ［J］. 科技管理研究, 2007, 27 (2)： 149 – 151.

［106］ Chen L H, Hung C C. An integrated fuzzy approach for the selection of outsourcing manufacturing partners in pharmaceutical R&D ［J］. International Journal of Production Research, 2010, 48 (24)： 7483 – 7506.

［107］ Sari B, Sen T, Kilic S E. Ahp model for the selection of partner companies in virtual enterprises ［J］. The International Journal of Advanced Manufacturing Technology, 2008, 38 (3 – 4)： 367 – 376.

［108］ 郭岚, 张祥建. 基于 BP 神经网络的企业核心竞争力评价 ［J］. 科学学研究, 2007 (1)： 132 – 137.

［109］ 肖玲诺, 史建锋, 孙玉忠. 基于 BP 神经网络的产学研知识创新联盟风险评价研究 ［J］. 中国软科学, 2011 (12)： 173 – 179.

［110］ S. Negssi. R&D Co-operation and Innovation a Microeconometric Study on French Firms ［J］. Research Policy, 2000 (17)： 178 – 192.

［111］ 陈畴镛, 朱国平. 考虑吸收能力的企业合作研发模式博弈分析 ［J］. 杭州电子科技大学学报, 2008, 28 (3)： 85 – 88.

［112］ 方海燕. AJ 模型下的企业战略联盟形式选择——基于伯川德竞争 ［J］. 中外企业家, 2011 (22)： 26 – 27, 33.

［113］ 艾凤义, 韩伯棠, 张平淡. 完全信息下基于知识溢出合作行为的博弈分析 ［J］. 北京理工大学学报, 2004 (9)： 782 – 785.

［114］ Michael Porter. The Competitive Advantage of A Nation ［M］. Macmillan Peress, 1990： 2 – 3.

［115］ 王国跃, 李海海. 我国装备制造业产业集群发展模式及对策 ［J］.

经济纵横，2008（12）：71 – 73.

[116] Wiethausl. Absorptive capacity and connectedness：Why competing firms also adopt identical R&D approaches [J]. International Journal of Industrial Organization，2005，23（5/6）：467 – 481.

[117] 袁锋，陈晓剑，吴开亚. 基于产品差异化的企业 R&D 合作策略分析 [J]. 数量经济技术经济研究，2004（10）：57 – 61.

[118] 王安宇，司春林. 联盟型虚拟研发组织形式及其本质特征 [J]. 中国科技论坛，2007（1）：106 – 109.

[119] Raffaella Cagliano，Vittorio Cagliano and Raffaella Manzini. Differences and similarities in managing technological collaborations in research，development and manufacturing：A case study [J]. Journal of Engineering and Technology Management，2000，17（2）.

[120] Ines Macho – Stadler，David Perez – Castrillo，Nicolas Porteiro. Conxistence of long-term and short-term contracts [J]. Games and Economic Behavior，2014（86）：145 – 156.

[121] 王晓静. 企业集团研发协同与研发绩效的实证研究 [D]. 山东大学，2012.

[122] Benedikt Langner，Victor P. Seidel. Collaborative concept development using supplier competitions：Insights from the automotive industry [J]. Journal of Engineering and Technology Management，2009 1/2.

[123] 司春林，段秉乾，钱桂生. 供应链上下游企业合作研发模式选择——宝钢大众激光拼焊项目案例分析 [J]. 研究与发展管理，2005（2）：77 – 82，98.

[124] 许春，刘奕. 企业间研发合作组织模式选择的知识因素 [J]. 研究与发展管理，2005（5）：62 – 67，72.

[125] 任浩，郝斌. 模块化组织契约有效性与契约结构设计 [J]. 浙江大学学报（人文社会科学版），2009（2）：103 – 111.

[126] 洪勇. 企业要素创新协同模式研究 [J]. 管理案例研究与评论，2010（5）：386 – 394.

[127] Sanchez – Gonzalez G，Sanchez – Gonzaolez N，Nieto M. Sticky information and heterogeneous needs as determining factors of R&D cooperation with cus-

tomers [J]. Research Policy, 2009 (38): 1590 – 1603.

[128] Lopez A. Determinants of R&D cooperation: Evidence from Spanish manufacturing firms [J]. International Journal of Industrial Organization, 2008, 26 (1): 113 – 136.

[129] Colombo M, Grilli L, Piva E. In search of complementary assets: The determinants of alliance formation of high – tech start-ups [J]. Research Policy, 2006, 35 (8): 1166 – 1199.

[130] Belderbos R, Carree M, Diederen B, Lokshin B, Veugelers, R. Heterogeneity in R&D cooperation strategies [J]. International Journal of Industrial Organization, 2004, 22 (8 – 9): 1237 – 1263.

[131] Miotti L, Sachwald F. Co-operative R&D: Why and with whom? An integrated framework of analysis [J]. Research Policy, 2003, 32 (8): 1481 – 1499.

[132] Cassiman B, Veugelers R. R&D cooperation: Evidence from Spanish manufacturing firms [J]. International Journal of Industrial Organization, 2008, 26 (1): 113 – 136.

[133] Tether B. Who cooperates for innovation, and why: An empirical analysis [J]. Research Policy, 2002, 31 (6): 947 – 967.

[134] Kaiser U. An empirical test of models explaining research expenditures and reasearch cooperation: Evidence for the German service sector [J]. International Journal of Industrial Organization, 2002 (20): 747 – 774.

[135] Bayona C, Garcia – Marco T, Huerta E. Firms motivations for cooperative R&D: an empirical analysis of Spanish firms [J]. Research Policy, 2001, 30 (8): 1289 – 1307.

[136] 杨梅英，王芳，周勇. 高新技术企业研发合作模式选择研究——基于北京市 38 家高新技术企业的实证分析 [J]. 中国软科学，2009 (6): 172 – 177.

[137] 张荣佳，原毅军，徐凯. 合作研发的影响因素——来自中国企业的经验研究 [J]. 当代经济科学，2012 (2): 94 – 103, 127 – 128.

[138] 汪丁丁. 知识表达、知识互补性、知识产权均衡 [J]. 经济研究，2002 (10): 83 – 92, 96.

[139] 汪丁丁. 知识沿时间和空间的互补性以及相关的经济学 [J]. 经济研究, 1997 (6): 70, 72, 74, 76 – 77, 71, 73.

[140] 徐小三, 赵顺龙. 知识基础互补性对技术联盟的形成和伙伴选择的影响 [J]. 科学学与科学技术管理, 2010 (3): 101 – 106.

[141] 郑素珍, 孙锐. 知识异质性、吸收能力与集群生命周期的演进 [J]. 科技管理研究, 2011 (13): 154 – 158.

[142] X Martin, R Salomon. Knowledge transfer capacity and its implications for the theory of the multinational corporation [J]. Journal of International business studies, 2003 (34): 356 – 373.

[143] 卢兵, 岳亮, 廖貅武. 企业联盟中知识转移的影响因素分析——一个分析模型 [J]. 预测, 2006 (2): 31 – 36, 43.

[144] 杜静, 魏江. 知识存量的增长机理分析 [J]. 科学学与科学技术管理, 2004 (1): 24 – 27.

[145] Pisano, G. P. Knowledge, integration and locus of learning: An empirical analysis of process development [J]. Strategic Management Journal, 1990, 20 (597): 595 – 623.

[146] 吴碧蓉. 基于层次分析法的图书馆知识转移能力评价模型研究 [J]. 现代情报, 2009 (8): 16 – 20.

[147] 潘杰义, 李燕, 詹美求. 企业 – 大学知识联盟中知识转移影响因素分析 [J]. 科技管理研究, 2006 (7): 206 – 210.

[148] 张钢, 倪旭东. 组织中的知识冲突研究 [J]. 科学学与科学技术管理, 2007 (1): 106 – 110.

[149] 张钢, 倪旭东. 知识差异和知识冲突对团队创新的影响 [J]. 心理学报, 2007 (5): 926 – 933.

[150] Tan C. W. , Pan, S. L. , Lim, E. T. K. , et al. Managing knowledge conflict in an interorganizational project: A case study of the infocom development authority of Singapore [J]. Journal of the American Society for Information Science and Technology, 2005, 56 (11): 1195.

[151] Bouncken. Ricarda B. Cultural Diversity in Entrepreneurial Teams: Findings of New Ventures in Germany [J]. Creative and Innovation Management, 2004, 13 (4): 240 – 253.

［152］倪旭东，薛宪方.基于知识异质性团队的异质性知识网络运行机制［J］.心理科学进展，2013（3）：389－397.

［153］王毅，吴贵生.产学研合作中粘滞知识的成因与转移机制研究［J］.科研管理，2001（6）：114－121.

［154］Reinhide V.，Katrien K. Bargained shares in joint venture among asymmetric Partners：Is the Mattew effect Catalyzing？［J］. Journal of Economics，1996，64（1）：23－51.

［155］Nooteboom，B. Towards a dynamic theory of transactions［J］. Journal of Evolutionary Economics，1992，2（4）：281－299.

［156］韩智慧.企业新产品开发中的知识创造过程［J］.经营管理者，2009（17）：237.

［157］芮明杰，李鑫，任红波.高技术企业知识创新模式研究——对野中郁次郎知识创造模型的修正与扩展［J］.外国经济与管理，2004（5）：8－12.

［158］Simon Croom. Supply Chain Management：An analytical framework for critical literature review［J］. European J. of Purchasing & Supply Management，2000（6）：67－83.

［159］Baltacioglu U，Erhan Ada，Kaplan M D，et al. A new framework for service chain［J］. The Service Industries Journal，2008，3（27）：105－124.

［160］何晓红.企业隐性知识的产生途径及转化措施［J］.情报探索，2006（2）：24－26.

［161］Howells，Jeremy，and Joanne Roberts. "From innovation systems to knowledge systems." Prometheus 18. 1（2000）：17－31.

［162］魏江，朱海燕.集群创新系统的创新桥梁：知识密集型服务业［J］.浙江大学学报（人文社会科学版），2007（2）：52－60.

［163］朱鹏飞.基于社会网络分析的组织内知识共享研究［D］.郑州大学，2012.

［164］殷国鹏，莫云生，陈禹.利用社会网络分析促进隐性知识管理［J］.清华大学学报（自然科学版），2006，S1：964－969.

［165］杜慧娟.基于社会网络分析的产业集群隐性知识共享研究［D］.燕山大学，2010.

［166］安筱鹏. 制造业服务化路线图：机理、模式与选择［M］. 商务印书馆，2012.

［167］汪应洛. 创新服务型制造业，优化产业结构［J］. 管理工程学报，2010（S1）：2 – 5.

［168］P. Qunintas P L G J. Knowledge Management：A Strategic Agenda［J］. Long Range Planning，1997，30（3）：385 – 391.

［169］T. K. Das B S T. Trust control risk in strategic alliances：An integrated framework［J］. Organization studies，2001，22（2）：251 – 284.

［170］Marra M. Knowledge partnerships for development：What challenges for evaluation?［J］. Evaluation and Program Planning，2004，27（2）：151 – 160.

［171］Elias N W A. Using knowledge management systems to manage knowledge resource risks［J］. Advances in Management Accounting，2006（15）：195 – 227.

［172］邢子政，黄瑞华，汪忠. 联盟合作中的知识流失风险与知识保护：信任的调节作用研究［J］. 南开管理评论，2008（5）：27 – 30.

［173］马亚男，王海珍. 联盟中知识泄漏风险及其防范问题的理论与实证研究［J］. 科技进步与对策，2008（8）：177 – 181.

［174］张建新，孙树栋. 产学研合作过程中的风险研究［J］. 经济纵横，2010（6）：110 – 113.

［175］郑丽娟. 协同供应链企业知识共享中风险绩效管理研究［J］. 商业时代，2012（20）：83 – 85.

［176］Trkman P，Desouza K C. Knowledge risks in organizational networks：An exploratory framework［J］. The Journal of Strategic Information Systems，2012，21（1）：1 – 17.

［177］Marabelli M，Newell S. Knowledge risks in organizational networks：The practice perspective［J］. The Journal of Strategic Information Systems，2012，21（1）：18 – 30.

［178］Kukko M. Knowledge sharing barriers in organic growth：A case study from a software company［J］. The Journal of High Technology Management Research，2013，24（1）：18 – 29.

［179］易加斌，范莉莉，谢冬梅. 跨国公司母子公司知识转移风险识别

研究 [J]. 科技进步与对策, 2012 (7): 117-121.

[180] 王怡, 罗杰, 孙裔德等. 绿色供应链企业间知识共享战略联盟动态博弈研究——帕累托有效协同视角 [J]. 工业技术经济, 2013 (3): 61-66.

[181] 龙勇, 潘红春. 供应链协同对企业创新的影响效应研究——基于知识共享视角 [J]. 科技进步与对策, 2014, 31 (3): 138-143.

[182] 李志刚. 虚拟联盟知识共享的风险防范研究 [J]. 情报杂志, 2006 (12): 56-58.

[183] 张存禄, 朱小年. 基于知识管理的供应链风险管理集成模式研究 [J]. 经济管理, 2009 (6): 117-122.

[184] 李柏洲, 徐广玉, 苏屹. 基于扎根理论的企业知识转移风险识别研究 [J]. 科学学与科学技术管理, 2014 (4): 57-65.

[185] 陈振斌, 张庆普. 基于模糊神经网络的企业知识管理风险评价 [J]. 科学学研究, 2008 (4): 773-778.

[186] 焦亮. 基于灰色聚类分析的虚拟企业知识共享风险评价的研究 [J]. 工业技术经济, 2010 (8): 147-149.

[187] Fang Y, Liang Q, Jia Z. Knowledge Sharing Risk Warning of Industry Cluster: An Engineering Perspective [J]. Systems Engineering Procedia, 2011 (2): 412-421.

[188] 肖玲诺, 史建锋, 孙玉忠. 基于 BP 神经网络的产学研知识创新联盟风险评价研究 [J]. 中国软科学, 2011 (12): 173-179.

[189] 张伟, 张庆普, 单伟. 基于 GABP 的企业内知识共享风险预测研究 [J]. 情报杂志, 2012 (1): 134-141.

[190] 张伟, 张庆普. 基于模糊德尔菲法的企业知识管理创新风险评价研究 [J]. 科技进步与对策, 2012 (12): 112-116.

[191] 王影洁, 程刚, 李艳艳. 企业项目知识风险管理模型构建及实证研究 [J]. 情报理论与实践, 2013 (3): 82-86.

[192] 刘继国. 制造业服务化发展趋势研究 [M]. 经济科学出版社, 2009.

[193] 陈运涛, 谢明明. 服务化: 制造业创新的集成化解决方案 [J]. 工业经济论坛, 2015 (3): 22-28.

[194] J V R. Servitization of business: Adding value by adding services [J]. European Management Journal, 1988, 6 (4): 314 – 324.

[195] Neely A. Exploring the financial consequences of the servitization of manufacturing [J]. Operations Management Research, 2008 (1): 102 – 118.

[196] 李国昊, 陈超, 罗建强. 基于演化博弈的制造业服务化知识缺口补救模型分析 [J]. 工业工程与管理, 2014 (2): 40 – 46.

[197] 李久平, 陈忠林, 顾新. 学习型组织中的知识共享模型 [J]. 图书情报工作, 2004 (7): 33 – 36.

[198] 孟鲁洋, 张胜军, 李国平. 企业知识与知识共享对策研究 [J]. 科技情报开发与经济, 2005 (3): 212 – 213.

[199] 何会涛. 知识共享有效性研究: 个体与组织导向的视角 [J]. 科学学研究, 2011 (3): 403 – 412.

[200] N L J. The impact of knowledge sharing, organizational capability and partnership quality on IS outsourcing success [J]. Information & Management, 2001, 38 (5): 323 – 335.

[201] 安世虎, 周宏, 赵全红. 知识共享的过程和背景模型研究 [J]. 图书情报工作, 2006 (10): 79 – 81.

[202] 杜占河, 张新元, 朱晓明等. 基于共享途径分析的知识共享机制研究 [J]. 科技进步与对策, 2009 (14): 114 – 117.

[203] 徐扬. 虚拟科研组织中的知识共享管理 [J]. 科技进步与对策, 2010 (5): 97 – 102.

[204] M D N. Common knowledge: How companies thrive by sharing what they know [M]. Harvard Business Press, 2000.

[205] 樊平军. 论组织知识共享障碍及治疗 [J]. 科学管理研究, 2003 (6): 93 – 95.

[206] 李东改编, 林东清著. 知识管理理论与实务 [M]. 电子工业出版社, 2005.

[207] 王磊. 论我国企业集群类型的划分 [J]. 科技进步与对策, 2004 (6): 117 – 119.

[208] 闫威, 陈燕, 陈林波. 基于集值统计的动态联盟知识产权风险评价 [J]. 科学学与科学技术管理, 2008 (6): 28 – 31.

[209] 齐源，赵晓康. 敏捷供应链中知识共享风险及规避策略 [J]. 情报杂志，2010，29（4）：98－101，129.

[210] 蔺丰奇，刘益. 知识联盟中关系风险的成因及影响因素分析 [J]. 中国科技论坛，2007（3）：94－98.

[211] 汪忠，黄瑞华. 合作创新的知识产权风险与防范研究 [J]. 科学学研究，2005（3）：419－424.

[212] 姜文，姜岚. 网络组织企业间知识共享手段中的风险因素分析 [J]. 科技管理研究，2009（11）：349－351.

[213] 李颖，赵惠芳，王羽萱. 联盟合作中知识共享风险及防范策略研究 [J]. 图书情报工作，2010（4）：117－120.

[214] 方永恒，瞿伟. 基于模糊神经网络的虚拟企业知识共享风险预警研究 [J]. 科技与管理，2006（3）：53－55.

[215] 徐锐. 战略联盟知识共享的关系风险及其控制方式 [J]. 情报杂志，2005（8）：2－4.

[216] Markets O W G. bureaucracies, and clans [J]. Administrative Science, 1980（1）：58－65.

[217] 李炳秀. 供应链企业间知识转移风险的识别——评估及防控研究 [D]. 中南大学，2011.

[218] 姜岚，姜文. 知识自身所包含的知识共享风险因素分析 [J]. 科技管理研究，2009（7）：357－359.

[219] 魏奇锋，张晓青，顾新. 基于模糊集与风险矩阵的知识链组织之间知识共享风险评估 [J]. 情报理论与实践，2012（3）：75－78.

[220] B N. Trust, opportunism, and governance：A process and control model [J]. Organization Studies, 1996（17）：985－1007.

[221] WILLIAMSON O E. Calculativeness, trust, and economic organization [J]. Journal of Law & Economics, 1993（36）：453－486.

[222] R L, L B, K H. The inter organizational learning dilemma：Collective knowledge development instrategic [J]. Organization Science, 1998（9）：285－305.

[223] de Vries J, Schepers J, van Weele A, et al. When do they care to share? How manufacturers make contracted service partners share knowledge [J].

Industrial Marketing Management，2014，43（7）：1225－1235.

［224］周在天．虚拟企业中知识共享问题研究［J］．价值工程，2005（9）：92－94.

［225］史成东，边敦新．基于粗集和模糊集物流联盟知识共享风险预警［J］．计算机工程与应用，2008（33）：198－200.

［226］［加］海金．神经网络与机器学习［M］．机械工业出版社，2011.

［227］陈果，齐二石，刘亮．基于风险态度的企业知识共享动态博弈分析［J］．科学学与科学技术管理，2015（6）：46－55.

［228］方永恒，周越．产业集群风险评价指标体系与模型研究［J］．西安建筑科技大学学报（自然科学版），2012（4）：563－567.

［229］葛如江，杨玉华．"中国制造"面临五大"软肋"［J］．决策与信息，2010（11）：6.

［230］李柏洲，徐广玉，苏屹．团队知识转移风险对知识转移绩效的作用路径研究——知识网络的中介作用和团队共享心智模式的调节作用［J］．科研管理，2014（2）：127－135.

［231］李炳秀，李明生．供应链企业间知识转移之风险作用路径实证研究［J］．系统工程，2011（9）：41－48.

［232］刘继国，李江帆．国外制造业服务化问题研究综述［J］．经济学家，2007（3）：119－126.

［233］刘妍．制造业服务化背景下组织柔性与企业绩效关系研究［D］．西安工程大学，2012.

［234］马亚男，朱爱辉．知识联盟组织间知识共享不足风险的识别与衡量研究［J］．科技进步与对策，2008（5）：161－165.

［235］祁红梅，黄瑞华．动态联盟形成阶段知识产权冲突及激励对策研究［J］．研究与发展管理，2004（4）：70－76.

［236］祁红梅，王森，樊琦．知识产权风险与创新联盟形成绩效：快速信任的调节作用［J］．科研管理，2015（1）：135－142.

［237］石琳娜，石娟，顾新．知识网络的风险及其防范机制研究［J］．科技进步与对策，2011（16）：118－121.

［238］肖玲诺，史建锋，孙玉忠等．产学研知识创新联盟知识链运作的风险控制机制［J］．中国科技论坛，2013（3）：115－120.

［239］闫晓霞.联盟企业间知识共享风险的实证研究［D］.天津财经大学，2012.

［240］杨治，刘雯雯.企业研发外包中知识泄露风险的案例研究［J］.管理学报，2015（8）：1109－1117.

［241］张旭梅，陈伟.供应链企业间知识共享的市场机制［M］.科学出版社，2012.

［242］郑丽娟.协同供应链企业知识共享中风险绩效管理研究［J］.商业时代，2012（20）：83－85.